Emmanuel's Book
A manual for living comfortably in the cosmos

エマヌエルの書

この宇宙を
やすらかに生きるために

パット・ロドガスト
ジュディス・スタントン
井辻朱美 訳

ナチュラルスピリット

Emmanuel's Book
A manual for living comfortably in the cosmos
Compiled by Pat Rodegast and Judith Stanton

This translation is published by arrangement
with Bantam Books, an imprint of Random House,
a division of Penguin Random House, LLC
through Japan UNI Agency, Inc., Tokyo

おのおのの魂が
人間としての意識のうちに抱いているイメージに対し
それからおのおのの魂が追い求める光の記憶に対し
魂がかくありたいと望んでいる〝存在〟の記憶に対し
そして、魂がすでにそうである〝真実〟の記憶に対し
この本を捧げる

目次

プロローグ

エマヌエル

わたしがあなたがたに贈りたいのは
心からの愛
真理のもたらす安全
宇宙の叡知
そして神のリアリティです

これら四つのものがあれば
なにものもあなたをはばむことはできません
あなたは心にしたがい
すみやかに目的地にいたります
そこがあなたの故郷です

あたかも混乱や疑いや
混沌のように見えるものがあることは
知っていますが
その表面的な影の下に
永遠の光があるのが
あなたには見えないのですか

この地球の次元は
あなたの存在の
始まりではなく終わりでもなく
単なるステップであり、教室にすぎません

友よ、わたしははっきり言いたいのです
あなたがたがいかに確固として
永遠性に根ざしているか
いかにまばゆく
この物質世界においても輝いているか
そしてすべてが
可能であって
神の計画がいかにすばらしく
はかられているかを告げたいのです

神の計画においては、孤独な魂はありません
道を失い、さまようような魂は
いまだかつてありません

イントロダクション

わが友エマヌエル

ラム・ダス

霊的《スピリチュアル》な書物は、聖なる者、つまり生涯を神にささげている仲間を求めるように、幾度もくりかえし説いている。わたしは、そうした仲間にいやというほど恵まれていることを認める。彼らの中に、わたし自身および周囲の世界の霊的な性質が反映されているのがわかる。その性質とは、そのすじではよく「これ」とか「あれ」とか言われてぼかされているものだが。

わたしの導師《グル》であるニーム・カロリ・ババは、教えを見出したらともかくそれを受け入れ、そののち直観に従って、その中の有益なものと、不適切なもの、有害なものを選り分けるようにと、つねに言っていた。彼のおかげで、わたしは心を開いて、さまざまな伝統や源泉から豊かなものをいっぱいに受けとってきた。老子、ブッダ、中国禅の第三祖僧璨《そうさん》(『信心銘』の著者)、キリスト、カビール、ラマナ・マハルシ、バール・シェム・トヴ、ラーマクリシュナなどによって著された書物からも、またタオス・プエブロのグランパ・ジョー、アーナンダマイー・マー、チベット仏教のカーギュ派のカル・リンポチェ、ベネディクト派のデマシウス神父、ラーマ・ゴヴィンダ、上座部仏教のサヤドー・ウ・パンディタなどの高貴な魂との出会いからも、同じように大きなものを得てきた。これらの慈悲心あふれる叡知の声は、上座部仏教が「カラヤン・ミタ」あるいは霊的な友と呼んでいるものであり、霊的な旅の途上にあらわれて導きと援助を与えてくれるものたちである。エマヌエルはわたしにとって、そうした声のひとりである。読者に彼を紹介し、彼の教えをともに分かちあえるのは、まことに光栄である。

わたしはニューヨーク市のWBAI放送で、初めてエマヌエルの言葉をきいた。つまり実際には、パット・ロドガストがエマヌエルの言葉を伝えているのをきいたのである。彼女はこのエマヌエルなる存在と、前からコンタクトをもっていた。彼女は瞑想によって波動を合わせることで、自由に彼とコンタクトができ、まわりの人の耳には何も聞こえなくても、彼女の耳には彼の言葉がはっきり聞こえるのだった。ラジオ番組の司会者レックス・ヒクソンがした質問のひとつひとつに対して、パットはエマヌエルの回答を取り次いだ。

ラジオ・ショウをきいていて一番驚いたのは、エマヌエルの魅力と、古き良き時代の礼儀正しさ、ユーモア、熱弁、歯切れのいい言葉、センスのよさで、彼の答えをきいて、わたしは直観的に彼を信頼した。ショウの終わるころには、個人的なものから、一般的なものにいたるまで、数多くの質問が心の中に浮かんできたので、わたしは、番組中でエマヌエルを紹介したジュディス・スタントンに頼んで、パットとエマヌエルに対するインタビューを取り決めてもらった。

インタビューは庭を見おろす、静かで瞑想的な一室で行なわれた。みなが席につくと、パットは、わたしが会話の記録を残せるようテープレコーダーをまわしはじめた。その説明をしているとちゅうで、彼女は言った。「エマヌエルが話したがっています。

彼は……」それから、彼女は色彩についてのエマヌエルのコメントを告げ、われわれはにわかに饒舌になった。

パットが、エマヌエルに憑依《ひょうい》されているという感じはしなかった。むしろパットは彼女自身でありつづけ、エマヌエルの言葉を、リラックスしてざっくばらんな、彼女がエマヌエルと分かちあっている深い親しみをこめた口調で伝えてくれた。パットとエマヌエルの差異は、ひじょうにはっきりしている。文章の構造、発音パターン、言葉の選択が、あきらかにちがう。だが、もっと微妙な点では、声の響きかたの差異があった。最初わたしは、この微妙な差異には気づかなかった。だが、そのあとインタビューを続けるうちに、声の振動の空間が、エマヌエルの声の、深く重要な特質をなすことがわかってきた。

この最初のインタビューで、パットは自分の見た、ほかのイメージについても語ってくれた。その中にこういうものがあった。「あなたが、あるゲームに夢中になっているのが見えます。すばらしいわくわくする感情がありますね。あなたは一心不乱に、ゲーム盤の上にかがみこんでいます」それからこう付け加えた。「エマヌエル、手伝ってくれますか。ほかにもあるのだけれど、わたしには……」

エマヌエルがわたしに言った。「あなたは人生に、人生のゲームに、大きな喜びを感じています。でもゲームといっても、それは人生を茶化す不真面目な意味ではありません。聖霊に満たされたような興奮があります」

わたしは自分の講演で、何度も何度もヘルマン・ヘッセの『東方への旅』のレオの言葉を引用していたので、それを思い出して笑ってしまった。その言葉とは「人生は……すばらしいゲームにすぎないということがわかりませんか」というものだった。

パットがそれからこう言った。「わたしにはゲームの対戦相手は見えないわ」

エマヌエルいわく「あなたはずっと昔から、敵がだれであるかを知り、その敵を自分の一部のあらわれとして、自分自身の中に受け入れてしまったから、敵というものがなくなったのです」彼の意見は正しかった。だが、彼はわたしをもちあげたままにしておいてはくれなかった。彼は、わたしがまだ自分の中のそうした力と完全には和解していないこと、人間ゆえの弱さを恐れる気持ちに隠された、聖性と人間性の分裂・分離の悩みを、すばやく指摘したのである。「あらゆるものに聖性はあります。それを見出すためには、手近の物質から始めるのです……壺を形づくる土の中にも、神の真実があります」

彼は、わたしが感情を爆発させることに対して抱いている疑い、人間的な弱さに陥ってしまう怖れという問題に幾度も立ちもどって話した。彼は、わたしの人間的な欲求は、霊的な旅の大いなる一部をなしていて、そうした欲求は妨げになるどころか、むしろそれを通じて神を見出せるのだと、くりかえし説いてくれた。

最初のそのインタビューの筆記草稿を読み直してみると、会話の中に若干の混乱があることがわかる。それは、わたしはわたし個人に話しかけられるのに慣れていたけれども、エマヌエルはわたしに話していたのではないからだった。たいていの人々、いや、人間は肉体と個性の中へ転生してくる魂だと認めているひとたちでさえ、互いにエゴで……個人的な存在として話しあっている。わたしが、エマヌエルとの会話に同調するのに時間がかかった理由は、エマヌエルがわたしにエゴとしてではなく、魂の同胞として話しかけているからだった。彼は自分自身を特定の時間空間に限定された存在と思っていないし、わたしのこともそう思っていないのだった。

エマヌエルのこんなふうな話しかけは、最初、奇妙に思えたし、わたしはそれをエゴへの話しかけに翻訳しようとしつづけていた。彼が、わたしを覚醒しようとしている心理的な一存在とみなして話しかけていると思っていたからだ。しかし、徐々にわたしが自分を転生をくりかえしている魂そのものと認めるようになると、会話がようやくかみあったばかりでなく、この慣れない会話方法は、それを行なうこと自体が、自分を自由にしてくれるものだとわかってきた。

そのうちに、わたしは自然にエマヌエルを魂の仲間だと感じられるようになってゆき、五感にあらわれる自明な現実次元に実体をもつ存在でないものと語りあっているという異常な（わたしにとっては）事態を、ほとんど忘れてしまった。ときどき、われわれエマヌエルのまわりのものは、彼がどこにいるか、あるいは彼がだれであるかについて詮索する。エマヌエルはわれわれのおろかな好奇心を満足させることに熱心ではなく、ごくあいまいな手がかりを与えてくれるばかりだ。

「わたしは霊であり、あなたも霊であり、わたしは体をもち、あなたももっています。わたしの体は、わたしの意識の変化にともなって少し変化します」

「あなたのリアリティとわたしのリアリティは、それほど隔たっているわけではありません。物質的肉体をもつあなたがただけが、この宇宙に実在しているという思いこみがありますね。それはまったくちがいます。われわれはそれぞれの物質的リアリティをもっています。わたしの現実はあなたのほど写真うつりがいいわけではありませんが、ちゃんと存在しているのです！」

「あなたがたはわたしのいるところにいます。わたしはあなたがたのところにいます。幅と高さと奥行きをもった物理的次元というものは、まったくリアリティをもっていません。あなたがたが人間の限界という見方を捨てるならば、あなたもわたしもまったく等しい存在として向きあうことになります」

「あなたもわたしも同じ道を歩いています。われわれは〝真理〟を求め、われわれの魂は神との〝一体感〟にもどろうとしています。われわれはみな自分の世界の中で成長しています。そうなのです」

彼は一度、こう言ったことがある。「わたしはもう、カレンダーや時計の圧政から抜け出したのです」それから死についてはこう言った。「わたし自身は、死後の経験の産物です」自分の機能については「もはや人間である必要のないわたしたちは、導いたり教えたりできるような意識の次元に存在しています」

インドの偉大な聖者ラーマクリシュナは、霊的伝道についてこう述べている。「花が開くと、呼ばれもしないのに蜂がやってくる」エマヌエルの場合も事情はまったく同じだった。ここ数年にわたって、エマヌエルにインタビューやワークショップを求める人が劇的に増えている。パットとジュディスは、多くのインタビューを口述筆記しているが、いかに同じ質問がくりかえされるか、エマヌエルが同じ問題に何度も何度も答えなければならないかに気づいていた。それで、もっともよく出る質問に対する答えをまとめてコピーすることに、多くの労力を費やしていた。だからこそ、本書が出ることになった。こうすれば、個人的インタビューで出る質問よりも、はるかに問題の視野を拡大することができるだろう。で、われわれはエマヌエルに、本のために準備した質問に答えてくれるかどうかたずねた。彼は、それこそ自分がここにいる理由だと言って、喜んで参加してくれることになった。

まずはわれわれ五人で、幾度かの会見をもった。パットとジュディス以外に、ローランド、わたし自身、そして無論エマヌエルもだ。楽しい会見だった。エマヌエルとの霊的な旅を通じて価値のあるもの、さほどでないものを選り分けるチャンスに恵まれたおかげで、われわれはいままでひとかたならず悩まされてきた混乱をすっきりと整理することができた。しかし、喜びは言葉からくるばかりでなく、ときおり、部屋を満たし、集まっているものの心にしみこんだ、いたわり深い癒しの沈黙からもきたのだった。幾度も幾度も、エマヌエルはわれわれに行くべき方角をさししめすような言葉を選び、それから、知性を越えた、直観的な心の静寂の中に入るよううながした。それは分離が消え失せ、知識が叡知に場所を譲るような、そんな静寂だった。

言葉と静寂のバランス、形あるものとないもののバランス、関係と関係性を超えた全体性のバランスこそが、彼の教えの重要な部分であり、われわれはそれに大きな喜びを得たし、この内容を分かちあうあなたがたも、言葉を踏切板として、そのさきの内なる静寂――あなたとエマヌエルが分かちあう、言葉を越えた静寂――へと導かれるような、そんな本づくりをしようと思った。それでわれわれは行間を随所にとったが、それを無視しないで、ときおり目を休めて、静かな瞑想的な思いに浸ってもらえたら、と望んでいる。

エマヌエルのレクチャーの内容を公開するとき、わたしはよく人に、あなたはエマヌエルをパットと別の存在だと信じているのか、彼はパットの意識していない別人格ではないのか、と尋ねられた。パットにとっては、もちろん疑問の余地はない。彼女は他人を感じるときと同じように、エマヌエルも自分とはまったく別の存在としてうけとっている。

心理学者としての立場からすれば、わたしはエマヌエルがパットの深層の人格かもしれないという理論上の可能性を認めている。しかし経験的には、わたしはエマヌエルを別の人格として感じている。話しかたも、声の振動も、パットとはまるで違う。つまるところ、どちらでもいいではないか。わたしが尊重するのは、エマヌエルが霊的な友人として伝えてくれる叡知のほうなのだ。そのこと以外に、彼の正体など、ほんとうはたいした意味はない。インドの偉大な聖者ラマナ・マハルシが言っている。「神と導師《グル》と自己とはひとつである」。伝統的神秘学に示された、探求者たちに対する諭《さと》し「汝自身を知れ、そうすれば神を知ることになる」と同じである。それで、わたしはエマヌエルを鏡として見ている。彼は、パットの上位の意識あるいは真の自己であるだけでなく、わたし自身のより高い意識、真の自己でもあるのではないか。ゆえに、わたしは自分の別の部分、執着という目隠しのおかげで見えないでいる自分の別の部分に向かって語りかけているような気がする。

最後に、エマヌエルがわれわれにくりかえし説いているのは、彼だけでなくほかのものの教えもだが、教えがだれから来るにせよ、心の奥底で自分が直観的にそれを正しいと思うかどうかが、あらゆる思考体系に対しての最終的な判断基準であり、自己防御だということである。宇宙論というものは、形而上学を取扱うが、形而上学は本質的に、科学的あるいは経験的な基盤をもっていない。われわれは、宇宙論の究極的な価値を、自分の心の奥底ではからねばならない。

エマヌエルの友情は、霊的なものに対するわたしの信頼を強めてくれた。多くのトピックに関して、彼はわたしの理解を助け、理解を表現する能力を増してくれた。ダルマとは何かを説明しようとしていたレクチャーのいろいろな局面で、エマヌエルの適切なフレーズや彼のあげた例が心と舌に浮かんできた。こんなふうにして、わたしはエマヌエルのような友人をもつことの恩恵をこうむっている。

エマヌエルがわたしの直観的理解を助けてくれたトピックには、たとえば次のようなものがある。

1．エマヌエルは、闇、否定的なもの、邪悪、罪……つまり人間につきまとう化け物を少しも避けようとしたことはない。これらは、輪廻転生のカリキュラムの必要な一部だと、彼は指摘した。それらは過ちではなく、また霊のあわれみが欠けていることを示すものでもない。彼は人生を牢獄としてではなく、教室とみなすように勧めている。戦いではなく、むしろダンスとして。

2．彼はくりかえし、闇にも、生にも死にも、恐れるべきものは何もないのだと述べている。混乱、疑惑、混沌、罪、怒り、絶望、苦痛はすべて、成長するための優れた条件だと。彼の言葉をきいているうち、われわれは怖れや内なる闇を、別の観点から見るようになる。われわれの心が光をゆがめているやりかたの反映としてである。彼は、宇宙の基底にあるのは愛と光であり、すべての経験はその事実を新たに賛美するのに役立つのだと、主張してゆずらない。

3．エマヌエルはわれわれに対して魂の同胞として話しかけ、われわれの人生の経験を創造的選択の結果として指摘する。われわれは創造者（魂）であり、同時に被造物（肉体、個性など）であると、エマヌエルは主張する。自分の行なう創造に対する責任を受け入れるようにと勧める。それをしてゆくうちに、自分を創造されたものとのみ見なすことからくる犠牲者意識から、自由になれる。

4．エマヌエルはわれわれの人間らしさを否定するような自己放棄を決して勧めない。まったくその逆である。彼はわれわれの人間的なもの（欲望、執着など）を神の真実への手がかりと見なすように言う。彼は人生そのもののなか以外の場所に、より高い真実を見出そうとすることを戒める。そして神は、おなかの底からの大笑いや、仔猫が遊んでいるのを見守ることの中にも見出される、と言う。エマヌエルのこうした指摘に対して、ある箇所でインタビュアーがこう反応した。「美しい考えですね、エマヌエル」するとエマヌエルは答えた。「宇宙ぜんたいが美しい考えです」

5．エマヌエルとともにいれば、われわれの人生が、大いなる進化の道筋の上にあるという見方を認められるようになる。われわれは、神という創造的脈動の一部としての自分を、大いなるタペストリーの中に見ることができる。神とは創造性であり、それによってわれわれは分離という幻想の闇に入り込むことになり、またそこから抜け出て全体性の中にもどるのである。毎瞬毎瞬、われわれは旅の正しい場所にいる。エマヌエルはこう言っている。「あなたがたのいまの状態は、あなたがたが未来の状態になるために必要なステップです」そして、未来のわれわれの姿とは、必ずしも人間の形であるとは限らない。人間への転生は、魂の意識の再覚醒という道のりの、始まりでもなく終わりでもないとエマヌエルは何度も言っているし、彼自身がその証左でもある。

6．幾度もくりかえして、エマヌエルは闇がわれわれの知性の産物であることを言っている。より高い叡智にあずかりたいなら、知性偏重によって、ものごとを判断し、区別し、二極化することをやめ、心と直観に従うように勧めている。「心は、頭脳よりも、魂のことをよく知っているものです」

7．この惑星とその環境は、現在われわれが感じとっているよりはるかに深い変容をとげることになるだろうと、エマヌエルは暗示している。より大いなる計画が、現在われわれが案じている世界情勢の混沌と意識の欠如の中へ組み込まれつつある。エマヌエルは、政治力のある指導者たちを「考えの足りない」子供のようなものだと形容している。彼らは、われわれ全員の中に程度の差こそあれ存在している、社会の癌ともいうべきものにおかされている。その癌とはつまり、貪欲から生まれる暴力、言い換えれば恐怖から生まれる暴力が、愛よりも強いと信じていることである。この癌にも似た信仰においては、慈悲や無抵抗は弱く危険なものとみなされる。エマヌエルは、人類が、自分たちの気まぐれで世界を終わらせることができると考えているのなら、それは傲慢だとほのめかす。「学校はそれほど早く用ずみになりはしません。終業ベルはまだならないでしょう」彼は、早々とこの地上から手をひいてしまうことをいましめて「まだまだ長い歳月があります」と言っている。

8．エマヌエルは死について詳細に語るばかりか、あちら側の世界について、ひじょうに新鮮な見方をしている。死ぬこと（どのようにして、いつ）は、生存中の経験と同じように、魂の輪廻の計画の大きな部分をしめているという。彼は、死とは「きつすぎる靴を脱ぎすてる」あるいは「こみあった扉から外に出る」ようなものだと言っている。「死ぬことには、すばらしいリフレッシュ効果と、それから教育効果があるのです」そして「それは、徹頭徹尾安全なものです」とうけあっている。死後の経験については、彼は、輪廻転生のあいだ、個人の中に反映されていた魂どうしの差異というものは、死後の多様な経験においても存続すると言っている。彼の見解は、「あちら側」についてわれわれがもっている種々雑多な報告に対する、ひとつの統一見解を与えてくれる。

9．エマヌエルはセクシュアリティ、中絶、関係、真実、宗教、儀式、地球外生命などのトピックについても語っている。これらのトピックには往々にして極端な、あるいはすじの通らない意見がまつわっているが、これらのトピックに対して、彼はかろやかさ、明晰さをもちこみ、新鮮で建設的な見方を教えてくれる。

これらの中には、まったく新しい考えと言えるものはどれひとつない。これらはみな、あれこれの秘教的書物の中で語られてきたことだ。エマヌエル自身がそう言っており、われわれには新たな情報の必要はないのだとも言っている。われわれはすでに必要なものをもっている。それらはすでに語られたものだが、幾度もくりかえしてきく必要があり、現代の情勢あるいはわれわれのいる「時代精神」にふさわしい用語できく必要があるのだ。エマヌエルはそれを、みごとにやってのけた。

エマヌエルが、わたしにとってと同様、あなたがたにとっても、スピリチュアルな友人として役立つように願うばかりである。

エマヌエルとともに生きて

パット・ロドガスト

わたしにとって、エマヌエルとともに生きるというのがどういうことか、お話ししましょう。

十四年ほど前、TM瞑想をしているあいだに、内的なヴィジョンが浮かんできて、集中がさまたげられました。それを押し殺そうとしても効果がなく、ヴィジョンは流れ続けました。わたしはけっきょく、そのヴィジョンに場所をあけわたしました。そのときから、ロマンティックな小説の言い方に従えば、わたしの人生はすべてが変わってしまいました。

最初、自分が幻覚に陥っているのだと思いました。それはとても恐ろしいことでした。それで、他のひとたちがこういう体験についてどう言っているか、調べはじめました。たくさんの本を読み、こうした経験に少しでも関係ありそうなレクチャーや講演にはかかさず出ました。セラピーも受け、霊的《スピリチュアル》な団体にも加入し、その経験に対する抵抗と受容の間を、また否定と喜びの間を行ったり来たりしました。しかし探求を続けていき、自分というものが明らかになっていって、ヴィジョンの経験もいつしか日常事となって、とうとうこの混乱は、ある意味での慰め、魅惑、そして楽しみに変わっていったのです。

この探求を通じて、わたしは、怖れという力がいかに、わたしの人生に深く根を張ってきたかに気づきました。たいていは名前のない怖れでした。わたしは多くのものを恐れていて、たとえば、最初はこのヴィジョンそのものも怖れの対象でした。でもいったんそれに慣れて居心地よくなってしまうと、そのヴィジョンの導きによって、ほかの怖れから逃れはじめました。たとえば、わたしは昔から飛行機に乗るのがこわかったのです。こうしたヴィジョン体験、特にエマヌエルによるヴィジョンが始まり、その叡知に波長をあわせはじめてからは、空の旅を実際に楽しむことができるようになりました。いまでは、自分を最初に瞑想に向かわせ、そしてこのヴィジョンの探求に向かわせたものが、実は怖れだったことがわかります。そして、そう、その怖れを克服するための勇気もでした。わたしは自分の中の子供の存在に対しても、実際の子供たちに対しても、この世は安全なところだという保証を熱烈に求めていたのです。わたしはわが子らに、わたしのように怯えてほしくなかったのです。霊的なものへの扉をあける言い訳としては奇妙に聞こえるかもしれませんが、それは効を奏しました。この願望がわたしを霊的な旅へと連れだし、そのとちゅうで、わたしは怖れが消えていくのに気づきました。いまでは、ありがたいことに、宇宙は安全なところなのだとわかっています。今はもう成人した子供たちも、そのことをわかっています。

不安がなくなるにつれ、愛が流れこんできました。初めてエマヌエルに会ったのは、最初のヴィジョンの流入から二年ほどたってからでした。彼はいままもそうですが、黄金の光としてあらわれました。はじめ、彼はわたしの右側に、わたしのヴィジョンの枠の中に立ってはいましたが、まったく目立たないようすでした。彼はしだいに、わたしのヴィジョンの中心へと移動してきて、一週間もすると、わたしの正面に立っていました。わたしは、あなたはだれかと尋ねました。「わたしはエマヌエル」と彼は答えました。「わたしといっしょにいたいのですか」わたしは尋ねました。彼の答えは簡潔ですばらしい「イエス」というものでした。こうして、わたしたちの共同作業が始まりました。

最初わたしは座って瞑想状態に入り、彼とともにいることを単純に楽しんでいました。なぜなら、一番重要なのは、何を見聞きするかではなく、どんな感じがするかだからです。彼があらわれた瞬間から、わたしは愛を感じました。それは人間としてのわたしの経験からすればなじみのない、しかしそれでいて覚えがある愛、しだいに思い出されてきた愛でした。それは、言葉ではまったく伝えられないようなもののひとつでした。

エマヌエルの存在が、わたしには非常に快いものだったので、彼を信じることは難しくありませんでした。難しかったのは、この会見の結果出てきたこと――個人リーディング、ワークショップ、レクチャー、世界各地への旅行、本書の執筆などで、それらはわたしがいままで考えてもみなかったことで、とうてい自分の能力の及ぶところではないと感じられました。でも、何かの申し入れがあるたびに、イエスと言うことが重なってゆくうち、そうすることが叡知のあらわれる機会につながっていきます。信じること、それとともに流れてゆくことは、わたしがそれをゆるしているときには、えもいわれぬ喜びでした。深い平安と歓喜の感じが、信じることの助けになりました。その信頼の結果、人生はポジティヴな上昇螺旋となっていきました。

わたしが心を開いたときには、必ずエマヌエルがきてくれると、完璧にわかるようになるには十二年かかりました。彼の説明によれば、コンタクトを切るのはわたしのほうであって、彼ではないそうです。自分の人生を生きるために、わたしはこのふたつの、互いに違って見えるリアリティをお手玉のようにあやつらなければなりませんでした。でもようやく、自分の仕事は「愛の現在」の中ですべてを結びつけることだとわかりました。わたしはそのために努力しています。エマヌエルとの経験は、個人としてのわたしの成長をうながし、わたしはつねに、世界に対する愛に満ちた共感を持ち続けることができるようになりました。

エマヌエルとはだれなのかと、たくさんの人がたずねます。いまでも正確にはわかりません。わたしたちは過去世でいっしょにいたことがあるのでしょうか。彼はそうだと言います。わたしがこの肉体を去ったとき、わたしたちはいっしょになるのでしょうか。「そのとおり」と彼は確言してくれます。彼はわたしの、より大いなる自己の一部でしょうか。そうかもしれません。わたしたちはみな、互いの一部であり、より大いなる〝一なるもの〟の一部だからです。わたしに言えるのは、この光につながっているとき、深い荘厳な喜びを感じること、その光がわたしに、すべてのもののすばらしさを信じさせてくれるということだけです。セッションのあいだに、彼の、すべてを包みこむような愛を、わたし自身の身の上に感じられたこともあります。それは単なるヴィジョンや知性ではなく、はるかに深い、有無を言わせない愛でした。

長い旅路でしたが、わたしはとうとう自分が霊《スピリット》の世界からも、人々の世界からも不当にこき使われることはないだろうと、信じられるようになりました。疲れすぎているとき、気分が乗らないとき、ふだん「イエス」と言うから、今度も言わなければならないと思うとき、また関心がないときには「ノー」と言うことを学びました。わたしが「ノー」と言っても、それも完璧な計画の一部だということがわかったのです。

エマヌエルはそのほかにも、わたしの人生に宝物を与えてくれました。すばらしい人々に会えましたし、本書の共同創造もそうですし、この計画を織りあげた黄金の糸もありました。大昔からの友人ジュディス・スタントンがその糸です。彼女がいなかったら、ラム・ダスに出会うこともなく、ワークショップを行ないながらの旅をすることもなかったでしょう。そもそも、この本を書き始めようという勇気もひらめきも起きなかったでしょう。このことに関しては、特に感謝しています。しかし、スタントンがわたしにしてくれた最大の贈物は、ブルー・ジーンズにスエットシャツを着てヴァンを運転し、辛口のユーモアを飛ばし、無鉄砲な冒険にとびこんでも、それでも神の天使は、〝救済の計画〟を立派に果たしていけるのだと教えてくれたことです。

こうしてあらゆるステップが、すばらしい教訓となりました。わたしの仕事は、心を開いて、受け取るべきものを受け取り、自分の成長に役立てることでした。わたしは、耳ではなく心でものをきくことを学びました。われわれは頭脳ではなく、直観で理解するのです。

ですからわたしはあなたがたに、わたしの親愛な、かぎりなく叡知に満ち、魅力的で、ユーモラスで、完璧な友人、エマヌエルを紹介します。わたしの感じている誇らしさ、愛、感謝は、ここに書きあらわせたよりはるかに大きいものです。さてこのさきは、エマヌエル本人が雄弁に語ってくれるでしょう。

エマヌエルの書

1 人間の冒険について

人生の目的は探求であり、冒険であり
学びであり、喜びであり
故郷へのもう一歩を踏み出すことである

肉体は宇宙服のようなものである

あなたの肉体はあなたにとって
制限の象徴、大いなる苦痛と死の象徴
驚くべき不足の象徴
とるにたらない不測の事態の象徴で
あるかもしれません
あるいは、肉体は魂が
みずから選んだ乗り物とも見ることができましょう
なぜなら、肉体は宇宙服と同じように
いまいる場所では必要なのですから

みずからの神性に気づくことは
人間の性質のひとつである

霊的《スピリチュアル》なものと人間的なものは
手をたずさえて行かねばなりません
そうでなければ霊的なものは
その上にみずからを築く基盤を持てません

われわれはみなひとつです
真実はひとつ、エネルギーはひとつ
感じることはひとつ
頭脳がこの事実を理解し
抵抗なく受け入れることはできませんが
心はその事実を知りたいと望んでいます
みずからがどこかに属していること
おびやかされることなく永遠であり
霊的な真実において

すでに神とひとつであることを
知ることこそ生きる目的ではありませんか

人間であるゆえにおかれる状況は
天国と対立するものではありません
人間の状況とは、かぎられた見方の中で
物質の形であらわされた、天国の写しです
人間のどのような経験であれ
霊《スピリット》の世界に存在しないものはありません

ですから人間であることは祝福されたことです
それは霊的な世界の
鏡であり、忠実な複製なのです

万物のうちに神性はあり
その神性を見出すためには
身のまわりの物質と取り組まねばなりません

土くれを無視することは
それを形づくった聖なるエネルギーに
異議をとなえることです

✣

あなたのテキストは完成されている

すべてはここにあります。人間が成長のために
ほかに知る必要のあることはありません
このさき、新しい教えが出てくることはありません
その必要がないからです
われら霊なる存在がここにいるのは
あなたがたにすでに与えられているものを
あらためて指摘するためです
あなたは愛に満ちた宇宙に生きています
ここにあるあらゆる力があなたを支え
あなたを助けます

われらは大いにあなたがたを敬います
われらの中でかつて人間であったものたちは
人たることが勇気を要することを
よく知っているのです

✣

人生の経験は
魂が知りたがっていることの
外なるシンボルである

ひとつひとつの魂は
その魂が内なる光に対してもつ意識的な抵抗を
象徴的に物質であらわすような現実に

入っていきます
人生を体験するとき
それをあなたの願望のあらわれ
またその願望を否定するもののあらわれと
みなしなさい
転生しているすべての魂は
否定的なものをもっています
もしそうでなければ
そもそも生まれてこないでしょう

人間の生活に入るとき
感官のあざむきの中に入るのです
東洋の伝統ではそれを幻妄とよびます
もし幻妄を真実とみなすなら
あなたがたは苦しみ、恐れ、病いに伏すでしょう
そうではなく、あなたがたは人生の創造者だという
見方にたって、人生に入っていってください
生きることを、すばらしい
価値ある学びの機会ととらえるのです
それぞれの状況の中に
あなたが壺つくりとして土をこねた部分があります
あなたが作り出した外なる現実に
あなたの内なる自己が
鏡像のように映しだされているのがわかります

❖

あなたがたはみな
転生を続けようと決めたときから
魂がこれで充分とみなして
解脱することを選ぶときまでの間に
みずからの責任をひきうけることを
学んでいきます

あなたがたは
日々の行動に対してのみではなく
自分が存在するという事実そのものに対して
責任があります
それを知れば、あなたがたの責任のおよぶ範囲は
ゆりかごの彼方、墓の彼方へひろがっていきます

✣

どんな人間も
「われは創造する」とのたまう神の一部である

あなた、神の一部であるあなたが
存在のどの時点で
人間になろうと決めたのかを
思い出すことはほとんど不可能です

✣

自己実現は神を実現することである

神性は
人間性の上につけ加えられるものではありません
それは人間性そのものです
分離はないのです
あなた自身を知れば神を知ることになります

✣

あなたのおおもとのエッセンスは
神のエネルギーであり
すなわち創造であるゆえに
あなたは創造します

あなたは創造者
あなたは創造
あなたはみずからのゆがみを作り出し
またみずからの真実を作り出し
そのようにして学びます

あなたは子供時代の環境を選びました
それはこの生で
あなたが矯正しようと思ったゆがみに
焦点をあわせるのにもっともふさわしい
触媒でした
最高の計画と
設計と策略とを用いて
あなたは
みずからの肉体と心と感情を形づくったのです
魂の叡知を信頼しましょう
あなたの人生の目的を形にする

幼児期の環境を選んだ魂の叡知を

✣

あなたは人生のみならず
あなたの惑星の
創造者でもあります

これは選択の惑星
あなたはここで闇と光をともに見ます
そして選択の自由をもちます

気づきを高めてゆくことは
あなたの惑星の癒しにとって
必要不可欠な部分です

あなたの世界は物理的危機に瀕しています

しかし危機とはなんでしょうか
それは学びのプロセスです

同胞たる人類を信頼しましょう
彼らは学びの力をもっています

❖

あなたそのもののエッセンスにおいて
あなたはすでに完璧です

より広い、すべてを包みこむリアリティにおいては
現在肉体をもっている、あなたの愛する魂たちは
いまでも安全に
均衡と、真実と、合一の
〝神の法則〟に結びつけられているのです

――われわれはなぜここにいるのでしょう

ふたたび〝一なるもの〟に回帰しようとする
魂の進化の過程において
あなたは自分がなにものか思い出すために
この意識のレベルに立ち止まったのです
もしそのためでなければ
あなたが再び肉体に入ってきたわけがありません
それは、発見したものの外面的な広がりの中で
目的地を忘れ
道に迷い、罠《わな》にかかり
故郷へもどる道もなく
切り離されたように感じているあなたの一部に
思い出させるためなのです

日々の生活で自分にたずねてごらんなさい
「わたしは何を忘れているのか」と。

苦しんでいるとき
「わたしの覚えていないこととは何か」
なすすべを失ったとき
「わたしは真実の自己をどこにおいてきたのか」
諸君、これは必要なステップです
ここは偉大なすばらしい教室です
ここにこそあなたの意識は属しています
そうでなければ、あなたはここにいないでしょう
わたしはあなたがたを故郷に導くために
ここにいます

✣

ここは幻影について学ぶ教室です

一過性のものごとに
永遠の意味づけを与えてはなりません
あなたが学ぶべきことを学べば
幻影は離れ去ってゆきます
教科書を置いてゆくときは
次の授業のひとたちが使えるよう
できるかぎりよい状態で置いてゆきましょう
この幻影の目的を知ることは
それを尊重することにつながります
いずれはすべてがよくなるのですから

✣

光のほうに向かおうとする望みが高まるにつれて
魂は、まだ抵抗がどこに残っているかを知り
その抵抗を探求する責任をひきうけます

神の法則は、まだ目覚めていないものたちに
みずからもてあますような
多くの選択、多くの責任が与えられないよう
配慮しています

〝類は友を呼ぶ〟法則によって
その意識のレベルの中に、それに対応する形で
人間の物質的なリアリティがあらわされます

だれでも一年生から突然卒業することはできず
少しずつ進むしかありません
意識はみずからを探り、創造しながら
ゆっくりと目覚めの階梯をのぼってゆきます
深い闇と
無知の底にいるものが
肉体を離れたからといって
突然
まばゆい光と全的な責任の中に飛び出すことは
ありません
それは
意識がみずからのリアリティを作り出すという
神の契約に反しています

✣

真実にはさまざまのレベルがある
どの真実も、あなたが全的に目覚める
役にたちます

それぞれの認識のレベルに応じて
糸をたどってゆきましょう
逆の状況と見えるものが並存しているからといって
心を乱さないでください
いずれ、この二元性は
全体にとって欠かせぬ部分であることが

わかってきます

しかし、この幻影の中にこそ
あなたの真実の種子がひそんでいます
あなたが人生の苦痛について探求し
それをみずから作り出したものとして
受け入れるならば
あなたはその幻影、あなたの中の闇に
まっすぐ向かっていくことになります

その闇を理解し
その闇に対する完全な責任を負うとき
あなたはその領域のもつれを
ときほぐし、それを
生の流れの中へ、真実の中へ
もどす力を得るのです

あなたの真実があなたの力である

真実を見出すことほど
あなたがたを自由にするものはありません

死の恐怖からの自由
不信、制限からの自由
まことのあなたになるための自由
それらはあなたがみずからを探求し
正直になることによって
得ることのできる賜物です

自分の真実こそ自分の力
救いであり、成就であり

目的であり、ゆくべき道であるという
単純な事実を学ぶまでは
人生は
ひじょうに難しい授業に思われます
人生は、その本来の姿である
楽しく豊かな庭園になるのだと
心から信じられるまでは

✣

喜びとは、宇宙にこだまする音

あなたのすべての苦しみが
まさに誤解にすぎなかったとわかるとき
あなたはその音をきくでしょう
そしてまことに、あらゆる混沌とは
そう、人間の環境というものは
良くも悪くも
すでに手にしている〝一なるもの〟を
なお探し求める魂の意識が
幻想として作り出すものにすぎません

✣

自由とは幻想ではありません
自由は本来のありかた
自由はあなたの生まれながらの権利
あなたの故郷です

✣

太陽をよこぎってあゆむ影を
喜んで受け入れなさい

もしこの世界が完璧なところなら
魂はいったいどこの学校へゆけばよいのでしょう

この世界に存在するさまざまな制限を知って
涙を流すことはありません
それらの制限には意味があります
不完全な世界においてこそ
学びの機会があるのではありませんか
生きる力が限られがちなわれわれ、
苦しむわれわれのために嘆くことはありません

この世を、魂がみずから選んでやってきた
仮の場所とみなしてください
なぜならひとはみな
みずからの環境を微小な細部にいたるまで
学びの機会として選択したからです

✣

すべては神から出たもの
すべての意識は
いつかは
神と一体であることを知るでしょう

意識の流れは
自然に光へと向かうものです
〝一なるもの〟に対する唯一の抵抗は
あなたの意識の中にしかありません
そこに苦闘があります

いったん気づきが広がれば
それは収縮することはありません
ゆがめられることはあっても

縮むことはありえません
いったん人間としての意識を知れば
ふたたび草の葉になることに
意味はなくなります
人間のカルマの構造は
さらに複雑でめざめたものなのですから

あなたがまだもっている抵抗によって
人生にあらわれてくるもろもろの経験は
真実と光へ向かうためのものなのです
それらはそうした障害物をもつ苦しさを知らせ
あなたに前進をうながします

すべてが神に向かって進んでゆくことを
堅く信じるとき
その障害はべつの意味と形を
とるようになります

それらは人間のレベルにおいては
障害でありますが
究極のレベルにおいては
導きなのです

✣

過ぎ行くものであれ永遠のものであれ
すべては美しい

すでに光に照らされたものだけを見たいと思い
この世の闇にいまなお沈んでいるものは
避けたいと望むひとがいます

生は漂白されなくても
そのままで美しいのです

人間を解剖し
すべての要素に分割してごらんなさい
どの部分にも
謝罪すべき不完全なものはありません

✣

あらゆるものに命があり
あらゆるものに意識があります

意識が草の葉の
レベルに達したら
それは草の葉の中にいます
意識が成長し
草の葉以上にめざめたレベルにのぼったら
よりめざめた状態の形であらわれます

✣

光と闇の戦いはあなたの中にある

この世には犠牲ということはありません
あなたは自分の人生を大いに支配しています
あなたがここにいるのは
自分の中の光である部分を見
まだ闇に沈んでいる残りの部分
光をさまたげる部分をも
発見するためです

自分が否定的なものの犠牲になっていると
ひとは感じがちですが
否定的なものとは、ほんとうは
カルマの構造の一部として

その当人がもっているものです

❖

闇は選択です

光の不在ではなく
光の否定について、わたしたちはいま話しています
ですから、万物に神が遍在するという観念は
理解しがたいものではありません

——悟りとはなんでしょう

すべてであり、無であります
これを別の言葉でいいかえてみましょう
たとえば
「悟りとはすべてを知らされること」と言えば
悟りを限定することになります
「悟りとはすべてを愛すること」と言えば
愛を限定することになります
悟りに始まりや終わりは存在しません
人間の語彙は、限定に満ち満ちています

だからこう言いましょう
悟りとは永遠の中のこの一瞬に
知性を働かせることなく
けれど、万物を意識しつつ在ること
それはまったき平安であって
不安の存在になど気づくこともありません
それはまったき愛であって
憎しみの存在になど気づくこともありません
それは終わりのない、すべてであって

終わりという幻想を忘れ去った状態です
それは祝福であり
祝福の非在の記憶など存在しません

それはただ〝在ること〟なのです

それは肉体のない
個性のない
衣服も
障害も
恐怖も
限定も制限もなく
自己という意識すらもない
あなた自身であって
ただ永遠の光を
かぎりなく感受しつづける存在です

言いあらわすことはできないのですが
いまこの時点では、このように言えるばかりです

❖

神への否定が何層にも重なって
魂を物質的な形に閉じ込めていますが
その層は、外科手術のように一瞬にして
剥離させることはできません
経験を通じて
少しずつ抵抗をそぎ落としていくことが
必要です

不幸にして、多くの経験は苦痛にみちた
否定的なものです
ただある点に達すれば、そこからの学びは
光と喜びの中で行なわれるようになります

真理と責任を回避しようという
根深い欲求があるときは
喜びは学びの機会としてではなく
逃避として使われます
そうすれば当然、自分が苦しんでいるのは
自分の責任ではないと言うでしょう
けれど苦しみがなければ
そもそも責任という問題も
当人の頭に浮かんでこないのです

辛抱強くあってください
そして
人間のサイクルの中に存在する防御の層が
一枚一枚剥がれていくのにまかせてください
そうすれば、苦難と考えられていたものは
学びの機会であることがわかるでしょう

すべてが最終的にひとつだという意味は
互いにとけあうことであって
個の抹消ではありません

永遠の真実に対する愛こそ
多くの転生を通じて
あなたを究極のゴールに
導いてゆく命綱です
その糸はなんと繊細で
なおかつ強靭であるのでしょう
このようにタペストリーはひろがってゆき

それぞれの転生が織りなされ
やがてあなたの待ち望んだとき
転生のサイクルが終わり
魂の望みにしたがって
より高い意識のレベルにのぼりはじめる時へと
近づいていきます

最後にすべてのものが神とふたたびひとつになり
そのことに完全にはっきりと目覚めるとき
あなたは人生をふりかえって
「愚かしいものだった」などとは
決して言いますまい
そうではなく、こう言うでしょう
「あれは愛がみずからを知ろうとしていたのだ」と

✣

霊においては
あなたの存在のエッセンスは
愛です

あなたの心の中にあって
まさに神の意識そのものであるような
やさしさとおだやかさ
それがあなたの真の姿です

ほかの人に愛をもってふれるとき
あなたは神のわざを行なっています

万人の中に
天から墜ちた天使を見てください

✣

あなたがその全貌に
とうてい気づくことのない
大いなる計画があります

あなたは自分自身となることによって
またベストを尽くすことによって
より高い真実を求めることによって
心のうながしに従うことによってのみ
その計画に貢献できるのです

これは神の救済の計画です
――魂の意識のみならず
地球そのものを救済する計画です

時は近づいています
無量劫におよぶ努力が頂点に達し
この惑星に新たな光のレベルをもたらす時が。

この惑星はまだしばらく
否定的な見解を選ぶか
肯定的な見解を選ぶかの機会を提供する教室で
ありつづけるでしょう
だが、光はさらに豊かになり
この光に対する気づきもましてゆきます
愛が栄えるとき
優しさが力であり、また力であると認められるとき
神がふたたび
おのおのの人間の意識の中心におかれるとき
バランスがとれてゆくでしょう

恩寵は受けとるものがあって初めて
完全なものになります

あなたは神の手の中にあり
完全な愛を受けています
愛が受け入れられるとき
めぐりは完全となるのです

✥

ひとが源に近づくとき
いかなる言語でも言い表しがたい瞬間が
おとずれるでしょう
うけとる者が与える者となり
受容する器が源となる瞬間が
……そして
永遠の舞踏が
まことに始まります

――エマヌエルよ、人間はあなたの目には
どう映るのですか

魂を見るとき、わたしには光が見えます――すきとおって純粋でひろがった、そして非常に美しい光です。人間を見るとき、まさにその魂が、さまざまなにぶい光におおわれ、ゆがみ苦しんでいるのがわかります。にぶい色彩によって輝きがおかされ、不透明なものに限定されてしまいます。むろんその色彩の下には、どの魂にも、まことの神の光が宿っているのです。わたしが愛をもってあなたを見るとき、あなたが愛をもって他人を見るときと同じように、光がはっきりと見えるのです。

疑いと怖れの色がどのようなものか知りたいですか。一番暗い色とは、神の否定、憎しみ（愛の不在）であり、それは黒いうえにも真っ黒な色です。

それは幻にすぎないのですが、ときには暗く濃い幻影なのです。怖れは、鬱屈した灰色の感情として見えるのみならず、それが怒りと連結するときには、硫黄《いおう》の色がかったどぎつく不快な黄色の悲鳴のように見えます。

激情は、どのような形であれ、さまざまな種類の赤として見えます。知性はしばしば黄色で、肯定的な目標に向かっている場合はバターのように輝く黄色です。知性が心を無視するときには、もっと濁った暗い黄色となります。

緑はヒーリングの色です――肉体のなかで起こるヒーリングでもあり、他人を癒したい望みでもあり、その場合は人間の愛であるやわらかなピンク色とまざりあっています。

神の愛は白く輝きます。銀はコミュニケーションや言語の色です。真実のことを話すときにはまばゆく輝き、閃光を放ちます。真実を否定するとき、表面だけを飾るときには、鋼《はがね》のような灰色となります。

青は、高まった霊性や互いのあいだの共感と結びつくときに、もっともまばゆく輝きます。あなたが内なる自分と直接に、また真実をもって結びつくとき、あなたの中にわきおこる深い感情をあらわす、すみずみまでクリアで美しい、濃い青色もあります。

ラヴェンダーや紫は霊の色です。はっきり決まってはいませんが、指導霊は最初にあらわれるとき、その色をまとっていることが多いのです。

黄金は神の愛です。神の愛にたずさわる仕事に身をささげ、うちこむとき、あなたを通じて世界に与えられる色です。

これらのことすべてに、あなたがたは気づいています。あなたが昔、人生で出会った人たちを包む色を実際に見ていたときに、経験したことを思い出せるように、わたしは話しています。その人々はあなたが言葉で理解するより前に、もっとはっきりしたメッセージを出していたのです。

わたしには、あなたの全身はまるで虹のように見えます。

2

神、光、キリスト、失楽園

あなたと神はひとつです

心と頭脳、魂と肉体が
最終的にひとつにとけあえば
あなたは完璧な整合性をもつでしょう
そのときあなたは
輪廻転生の輪から解き放たれます
究極の自己を知るとは
神を知ることです
なぜならあなたと神はひとつなのですから
そのことを見出すために
あなたはあまたの過去世を
旅してきました

――神、あるいはより深い自己といったものの
存在すら信じられない気がするときに
どうすれば
それらのものを知ることができましょう

信仰とは頭でするものではありません
それは感じるものです

信じる必要はありません
信じる意志さえあればいいのです
無理に信じることはできませんが
あなたが障害をとりのぞいたとき
信仰はそこにあります
なぜならそれは、あなたのありかたの一部ですから

真に神を知るためには
自分を知らなければなりません

いまのところは、神をより高い真理として
より広いリアリティとして、自然の秩序として
聖なる安全と愛として、考えることもできます
それはつまり
いつくしみ深く、やさしく愛に満ちた
永遠のリアリティのことです
神をそのような人の姿で思い描いても
けっこうですが
いったん自分の核を見出し
自分の光を見定めることができれば
神がだれであるかはわかります

❖

頭で神を理解することはできません
心はすでに知っています

頭の役目は
心の命令を果たすことです
頭は「どうやって」は知っていますが
「何を」は知りません
「何を」のほうがより深い問題です

個々の人生における最大の戦いは
知性と心の戦いです
心が「そのとおり」と言っても
知性が「理解できないから、信じられない」
と言う場合です

だれかほかの人といるとき
あなたはその人と頭脳で語り合っていますか
そうではなく
あなたは魂に対して話しかけていて
頭はそれを順序立て、言葉にするのに
忙しいというふうなのではないですか
頭脳は「なぜ?」とたずねても
すぐに表面的な答えで満足してしまいますね
心が「なぜ?」とたずねるとき
心は神の真実以外のものでは満足しません

❖

心とは万人の中にある
あやまつことのない磁針です
頭よりも心のほうが
魂をずっとよく理解します
頭は心の望みに仕えているのでないかぎり
ねじれて、ひねくれた主人になってしまうでしょう
あなたにとって唯一正しい道は
あなたのうちにすでに定められた道です

この道を見出すために
心のささやきに耳を傾けましょう
ほかに方法はまったくありません

ちっぽけな頭脳が、怖れのために
かたくなで支配的になろうとするとき
あなたのより深い部分は
永遠におかされることない安全と
すでに神と一体であるという真理を
ささやきはじめます
だから心の言葉に耳を傾けてください
そこにこそあなたの光と
あなたの真実があります

✣

あなたの意志と神の意志は
ひとつのものである

これは耳には快いことですが
信じるのは難しいことです
あなたが心を信頼しはじめれば
なにかが喜びと満足をもたらすとき
それは神の意志が
あなたの心を通じて語っているのだと
わかるようになります

生まれながらに
あなたの中には神の核があります
その核が語りかけているということを
信頼できませんか
心がささやいて導く道は
神があなたを導きたもう道であることをも

信じてください
神への憧れが
意識にのぼるたびに
いまなお、いくらかでも神の意志を疑っている
ざらざらした抵抗が
魂そのものから洗い流されます
浜の砂粒を数えてみれば
過去世においてだけでなく
この現世で神との一体を実感したいと
その砂粒の数と同じくらい幾度も
望んだことがわかるでしょう

あなたが心から
「わたしは神の意志を知ることを選択する」
と言うとき
それが自由意志の、もっとも基本的な使い方です
選択の自由がなければ

神の意志は知ることができません
みずからをあけわたすときには
相手に対する強制はありません

解放しようと力むとき、解放はより困難になります
なぜならそれは
意志によってなされるものではないからです
それは自己放棄から、達成されます
あなた自身の真実に
あなたの統合性に場所をゆずりなさい
あらゆるものを取り去ることができるのも
成就することができるのもあなたひとり
放下《ほうげ》の姿勢が深まれば
ひとりでに、大きな救いが達成されます
放下することによって
あなたは自分の人生を

完全に支配できるのがわかるでしょう
放下は選択です――
完全な個人的な選択です

❖

神以外のものに対しては
なんぴとも完全に
みずからをあけわたすことはできない
ほかのすべての放下は象徴にすぎない

放下はもっとも利己的な行為とも言えるでしょう
なぜならそれは完全な成就への道だからです

人間の意志が神の意志と同調するとき
それはまったく努力のいらないありかたです
あなたの内なる知恵は
やすらぎの場所を見出し
自己を支配しようと力むこともなくなります

神の意志が存在することを知るためには
内なる多くの声に
耳を傾けねばなりません
恐怖の声、怒りの声、矛盾の声、かたくなの声
ありとあらゆる幻想に満ちた声に。
それらの声がなじみ深いものになったら
あなたの内なる知恵の
優しさ、柔和さ、光の暖かさが
もっとよく聞こえてくるでしょう
それは
内なる叡知の上に重ねあわされたほかの声々とは
不協和音のようにかみあいません
それが神の意志なのです

おのおのの魂にとっての最後のレッスンは
自分の心の中にあらわれる
神の意志にたいして
自己をあけわたすことです

✣

疾風にさからうことはない
風に自分をあけわたし、その一部になればよい

✣

個々の魂と
宇宙の魂すなわち神との関係は
種々のエネルギーがその源に結びついているのと
まったく同じ関係です

あなたは永遠に循環する
その力の一部です
転生のたびにあなたは
自分を〝一なるもの〟から隔てている誤解を
ぬぎすててゆきます
あなたがたを分けへだてるのは
この混乱のみであり
あなたがたはいま
もどる道を見出そうとしています

――人間の神性とは何ですか

肉体のすべての細胞
あなたの中のすべての意識
人間にまつわるもののすべて
そしてそれを超えた無数のもの

人類とは
まことに驚くべきあらわれです
想像力であれこれ考えて
自分が完全にならなければ
自分の内に神を見出すことはできないと
きびしく決めつけることはありません
それがおおきな制限であることがわかりますか

それぞれの魂は光を得てゆけば
力の点となります
たとえ最初は弱い光であろうとも
あなたがまず
自分の光を世界にかがやかさなければ
どうやって
世界を光明化する助けになれるでしょう
光をその電力ではからないでください

あなたが自分の神性を
完全に受け入れたとき
あなたは自由、あなたは自由、あなたは自由です

——あなたがたのいるところではどうなのですか、エマヌエル?

森の中をしずかにあるいているとき
どんな感じがするかわかりますね
けがれのない美しい花
その無垢
それが神の法則に全托しているさま
あなたは花に言います
「ああ、おまえが世界を支配するのであったら
よいのに」
そう、ここではそのとおりなのです

——あなたはどうやって神を知る存在となったのですか、エマヌエル？

わたしはあなたがたがいま経験しているような
ありとあらゆる人間のありかたを
通りぬけてきました
わたしもまた〝一なるもの〟から離れて
自分自身の意識を見出し
その意識をもちかえり
神の光に増し加えようとしました
そのとちゅうで
あなたがたと同じように本来の目的を忘れ
神からまったく隔てられたように見えるこの世界に
はまりこんでしまいました
そして神から離れているというおそろしい事実を
信じ込んだとき
あたりは真っ暗に思えました

けれど、憧れと苦痛が増してゆき
あなたがたがいましているように
わたしもひるがえって
光を求めはじめました
光がないことで苦痛を覚えるのなら
どこかに光があるにちがいないからです
もし闇がわたしの真実の故郷であるのなら
そこにいればやすらいでいるはずですから

それで、あなたがたと同じように
わたしも道を転じて
山をのぼり、流れをわたり
モスクや寺院や教会で祈り
教師の教えに耳を傾け、よろめき、また歩きつづけ
ついに進化のときがきました
わたしは心から真実に
「わたしは神とひとつだ」と言うことができ

転生の輪から脱することができたのです

――なぜわれわれは神との一体感から
離れるのですか

神から離れることで
愛の旅が始まります
個別化された意識は
人間界としてのリアリティの経験を通じて
自分自身を完全に知り
そうしてより大いなる光と理解をもって
〝一なるもの〟にかえってゆきます
そうすれば〝一なるもの〟に
リアリティが増し加わるからです
なぜならすべては、たえまなく拡大し
創造されつづけるからです

至高の神は遍在します
しかし、個別化され
分離された経験がなければ
どこか欠けたところがあり、虚しさがあります
経験し、表現しながら
この旋転する宇宙すなわち
永遠の創造の一部に
なろうとする意識のない全体性のみが
存在するでしょう

あなたがたは
もっとも深い意味での創造者になろうとしています
あなたがたは創造の行為において
神の創造に加わろうとしています
放蕩息子がかえってきたのです
いいえ、ほんとうは〝堕落〟などは存在しません
〝堕落〟は人間としての経験の象徴です

象徴としての〝堕落〟の意味は
われわれが個別化したおおもとの目的を忘れ
魂の意図したことを忘れて
多様性の中に道を見失うことです
ひとがどうして神を離れることができましょう
ひとはすなわち神であるのに

〝堕落〟を、光へいたるための
すばらしい地図として生かすようにしてください
あなたは生まれかわるたびに
〝堕落〟を経験しています
あなたは転生のたびに
それを否定し、ひき返すことのできる地点を
見出します
あなたのいだく異和感は
おおもとからの分離
おおもとを忘却していることのしるしです

すべては息づき、脈動しています
宇宙も銀河も地球も
肉体をかたちづくる分子も。
神からの分離と帰還――
それは宇宙の創造的な鼓動なのです

✣

〝堕落〟は最大の愛の行為である

ひとが〝一なるもの〟を離れようとするのは
そのことによって〝一なるもの〟に仕えるためではありませんか
何世紀ものあいだをさまよい
一瞬さきも見えぬ時間を生きながら
光を作り出そうとしてきて
あなたはこの旅のせいでばらばらになり

本来の自己を、またなぜここに来たかを
すっかり忘れ去りました
そして忘却の中で
人間の性格をもち、個性をそなえ
その個性の中で
今は自分が源から
切り離されているように思い
苦痛なほどのろのろとした歩みではありますが
〝一なるもの〟へひき返そうとしはじめます

❖

〝すべてなるもの〟がどのようにして
個性を身につけるのでしょうか
〝一なるもの〟から離れるときも
あなたは〝一なるもの〟とともに離れ
あなたこそ〝一なるもの〟です

あなたは広がってゆく〝一なるもの〟
あなたは創造しつつある〝一なるもの〟です
なぜなら〝創造〟は創造せねばならず
この創造には
終わりがないからです

意識が「よし、これでもう充分やった」
と言うことは、決してありません
また光が「わたしは充分に照らした」
と言うこともなく
創造が「わたしは充分に創造した」
と言うこともありません
なぜなら、何かがほんとうに存在するとき
それはそのものの本質を保ちつづけるからです
創造の本質は創造すること
愛の本質は愛すること

ゆえに、個性ある人間のあなたがたは
真実の自分から切り離されているように思います
人間の個性は、転生のたびに
いまのあなたに扮装するために
まとう衣服です
この扮装した自分を
ほんとうの自分だとみなすことは決してできません
あなたは自分がだれであるかを知っており
その記憶はより大いなる未知の中へも
また故郷へも
同時に運ばれてゆくからです

それは気晴らしです

もしあなたが
自分は個性をもったこれこれのものであると信じ
故郷と大いなる未知は
別の場所であると信じても
それはちょっとした気晴らしの運動にすぎません

――イエス・キリストとは誰だったのですか

キリストは教師です
過去形ではなく現在形で、わたしは言っています
なぜならキリストはいまも存在し
ここにいるあなたがたすべての
役に立ってくださるからです
キリストは愛と光の霊であり
兄弟愛と癒しの霊です
キリストはいまも人間界と
深くかかわっています
イエスはわたしの兄弟であり
あなたがたの兄弟でもあります

光の存在なのです
この物質界に入ってきた人間で
その存在の核が光でない人間は
ひとりもいません

イエス・キリストは
人間界における
光のリアリティの
最高の例です

✣

キリストの誕生は
永遠の愛のキスです
それは神が人間に与えたもうた
最高の贈物のひとつです
それは人間の形をとった
神の永遠のリアリティの象徴です
キリストの愛、キリストの恵み
キリストによる仲裁と言われているものは

キリストの生涯を
各人が意識の中で
ふたたび体験するならば
それは魂の苦闘を映しだす
ひじょうにすぐれたシンボルになるでしょう
魂の苦闘とは、自己不信、求道、成長
拡張、現実を愛することをさします
そのシンボルは、神の言葉が
物質的存在となったものです

イエスの生涯は人類にとっての鏡でありました
イエスの中には神の意識がありましたが
人間としての経験の中では

彼の魂も葛藤を知りました
肉体に対して
自己を大いに同一化していたので
疑問や、怖れや、疑惑があったのです
けれど、それらはすべて
より深い新たな理解を人間界にもたらすために
与えられたものでした
イエスの葛藤は
人類がみずからを映しだす鏡であり
成長のプロセスの
無限の可能性を映す鏡です
それはまさに神からの贈物なのです

もしキリストがあなたの鏡であるなら
あなたはそこにどんな自分を見ますか
各人の姿はそれぞれどのように映るでしょうか

ほかの予言者たちはそれぞれ
ちがう言い方をしましたが
イエスは人間の経験を通して語りました
人間の経験が霊《スピリット》と婚姻をむすんでいました
その教訓をイエスはみずから生き、示しました
キリストは言われました
「見よ、人類よ
みずからのなしうることを見よ
みずからのまことの姿を見よ」

――キリストはいつの日か
地上に再臨されるのですか

わたしがここにいるのは
あなたがたの存在の中にこそ
求めるキリストがおられるのだと
告げるためです

あの輝かしい光がふたたび肉体をまとうとは
わたしは思いません
その光をほかのものが
みずからまとうことができます
そしてそのものたちは
その中心の輝きの名において
与えられる力において
みなの師となるでしょう
その火花は
中心から発せられるもの
その光はだれでもまとうことができるのを
忘れないでください

かのまばゆい閃光は
あなたがたみなの内にあります
悟りがひとの形の中に入ったとき
ひとはみずからの光に輝いて
それはキリスト意識の再臨のように
見えるでしょう

❖

天国とは
光のなかで踊るすべての者の中にある場所です

天国とは言い表しがたいものを
言い表すために
考え出された言葉です

天国はあなたがたの心の中に
意識の中にあって
たったいま歩きながらでも
あなたの手の届くところにあるのです

天国は喜びであり愛であり
とほうもなくゆたかな計画であり
かぎりない創造性です
天国はあなたがたの求めるものすべてであり
それ以上なのです
天国はあなたがたの故郷です

愛 3

たとえいまから時の終わりまで
むさぼりつづけたとしても
あなたがたはこの宇宙に存在する愛を
つかい果たすことはできません

存在するのは愛のみです

愛は宇宙的なコミュニケーションです
それは宇宙をつくり
宇宙を動かしているエネルギーです
神は愛です
すべての物質は愛によってつくられました
きく耳があればわかるでしょう
万人にささやきかける
本然《ほんねん》の愛があります
木の葉は愛によって
木に結ばれています

愛は世界を転回させることができ
実際にそうなっています
あなたがたの惑星を回転させているものは
愛でなくてなんでしょう
あなたがたの太陽の炎を構成しているのは
肉体の細胞を形づくっているのは
天の星をつくっているのは
心の中の意識をなしているのは
すべて愛です

存在するのは愛のみです
仮面やみせかけにまどわされないでください
愛は
宇宙をつなぎあわせるにかわです

魂のもっともせつなる望みとは
自分を愛せるようになること
そうすれば自分はひとつになり
その中では
苦しみのもとである価値判断が
とりのぞかれています

真の自己愛は利己ではありません
真の愛はたかぶりません
愛と同情は
まず自己に対して充分に注がれていなければ
他人に対して注がれることはできません
自身を愛さないでいて
どうして神の愛を感じることができましょう
その二つはひとつであり
同じものではありませんか

自分自身を受け入れるまでは
あなたがたは出てゆきたい広い空間に対し
扉を閉めきっています
この広い空間は心を通じて入ってきます
自分自身にやさしくしてください

✣

愛は練習を必要としません
愛はただ存在します
〝在ること〟を練習することはできません
でも愛するという決断をすることは
練習できます

愛へのみちは
愛なしでいるとはどのようなことかを
経験すれば見出せます

あたかも光へのみちが
闇に気づくことによって見出せるように。
あなたがたは最高の選択をしてください
愛は技術としてマスターするものではありません
それはただ受け入れられるものなのです

愛は多くのいれものに入ってやってきます
芸術家の豊かな仕事からも入ってきます
殉教者のすばらしい自己犠牲もそうです
指導者の断固たる決定の中にもあります
両親のふれてくれる手の中にもあります
道路を横断する子供の手をひいてやるような
単純なことでさえ
立派な愛の行為です

親切と愛のあらゆる行為は
あなたがたの世界における神の真実に

光と力を増し加えます
愛という概念を
あなたがたの物質的世界にもたらすこと
できるかぎりゆたかに愛を生きることは
輪廻転生を決めた
内なる神の使命にこたえることです

あなたがたの世界のひとはみな
愛が満たされることを望んでいます
それは神の愛の代用品ではなく
宇宙的な計画が物質的な形をとった場合の
ひとを養い、活力を与え、自由にするという面です

神への愛と伴侶への愛とのあいだで
愛が引き裂かれると思うかもしれません
わたしはそんな葛藤はないと言いたいのです
肉体的な次元で
あなたがうけとる、養い育てる愛は
実はあなたの霊的な成長に役立つものです
あなたが愛を求めるのは
花が太陽を求めるようなものです
あなたにはそれを得る権利があります

――死後も愛は存続するでしょうか

愛は永遠であり
たとえば時空間のような
あらゆるみせかけの障壁を通りぬけます
愛は断ち切ることのできない絆です
あなたがたの意識は肉体を通りぬけ
非肉体的なものにまで達し、またもどってきます
あなたがたが日々の仕事に
忙しく立ち働いているあいださえも。

あなたがたの中に愛があり
神のもとにもどりたいという望みがあるのですから
故郷への帰還の秘蹟とは
この生において
リアリティがたえず新たにされることです
あなたがたの心が
あなたを故郷へ連れてかえるのです

✣

あなたがたの文化は非合理性をきらうので
頭脳がさきにたって
心がそれに従ってゆくべきだと考えられています
このあやまった考えを逆にし
自分の心を
自分の魂のエネルギー、毎瞬の自発性、
人生への愛をとりもどしてください

世界は合理的である必要はありません
世界はただ体験されるべきものです
合理性は頭脳が求めるものであって
頭脳は心にこう言います
「ここは私が支配する
おまえは愚かで、何も知らないから」

思考はあなたがたを戸口に連れてゆく道具です
そこからさきは
道具をおいて進まねばなりません

——愛するものたちの身の上を案じることは
どうすればやめられるでしょうか

それぞれの魂のもつ完璧な叡知を
信じることによってです
不安とは

社会的に許容されている型にはまりこんだ
不信の別の名前です

もしあなたがたが
「わたしは子どもたちのことが心配です」と言えば
みんなは「それは当然だ」と言うでしょう
そしてあなたがたをよい両親だと思うでしょう
だが、もしあなたがたが
「わたしは実は神の計画を信じていないのです」
と言えば
みんなの反応はどうでしょうか

――どうすれば心を開いて
　　神の言葉をきけるでしょう

心を閉ざすために
何世紀ものあいだ使ってきたやりかたを

すべてゆるめ、放ち去りなさい
心の自然な状態とは、オープンであることです

求めるものに対して
自分がどれほどあらがっているか
よくごらんなさい
次のいくつかの質問に対する答えを
示してみましょう
どうすれば自分の道が見つけだせるだろう
どうすれば心を開けるだろう
どうすれば内なる神にふれられるだろう
どうすれば
わたしとともにある霊《スピリット》の言葉がきけるだろう
どうすれば愛することを学べるだろう
どうすれば真のわたしになれるだろう
その答えとは
ほんとうの自分ではない自分をやめること

たとえ安全だという保証があっても
人間界の心は
どれひとつとして
すぐには開かれません
それはみな怖れのせいなのです

4 道

仕事、教師、練習

――人間のすべてが、自分の進歩のために
人間に生まれるのを選んだのだとしたら
人類は、霊的《スピリチュアル》なものへ向かう道の
途上にあるというわけですか

まったくそのとおりです

――それは美しい考えですね、エマヌエル

宇宙ぜんたいが
美しい考えなのです

次の一歩はいまの一歩によって知ることができる

ほかの方法では
それを知ることはできない
それは知性では
知ることができません
神のリアリティを
頭脳によって思いめぐらすことはできません
それはただ
味わうことができるばかりです

✣

あなたがたは自分のあるく道を
ひとつの手段ではなく
究極のシンボルだと思いこみがちです

内なる聖所たる心へ
おりてゆこうとするのではなく
人類はすでに存在するリアリティから
シンボルを作り出そうとします
それは本能のなせるすばらしい欲求なのですが
それによってひとはあやまった道にまよいこみ
探し求めること自体が
目的であると信じこんでしまいます

✣

儀式は道ではありません
道が存在することを
思い出させてくれるためのものです

なんであれ
儀式があなたにささやきかけることには

耳を傾けてください
儀式がもはやあなたに何も語らなくなったら
別の儀式をさがすのです
また儀式がほしいのであれば

ひとつ練習をお教えします
愛をもってすべてのものを
あなたの一部と見てください
そうすると、どうしてもあなた自身も
愛さなければならなくなりますね
そのことにまったく気づかないひとも
いたかもしれませんが

たとえば、花
愛をもって花にふれてください
目で見るだけでなく、体験してください
その香りを呼吸してください
それはあなたの一部です
その美しさを見てください
それはあなたそのものです
そのやさしさにふれてください
それはあなたのやさしさです
その根の力を感じてください
それはあなたの力
あなたがこの世界に根を張る力です
この花がすでにあなたの一部でないならば
あなたはこれを見ることはなかったでしょう

せんじつめれば、あなたの最高の教師とは
心をひらいて生きることです

人生のあらゆる瞬間が
あなたの仕事である

あなたがもっともうまくできることはなんですか
あなたがもっとも達成感を覚えることはなんですか
そこにあなたの仕事があります
あなた自身の心が案内人となって
それをあなたの自己実現へと
神の救済の計画の中で
あなたが果たすべき役割へと
みちびいていきます

神の王国には
ゴールをさししめす道しるべはありません
ただ、いま、〝ここに在ること〟のみがあります
〝ここに在ること〟とは静的なものではありません
それはまことに信じがたいほどの創造性であり
成長であり、運動なのです
神の宇宙に不変なものはありません
そう、あえて言えば
神の意識そのものさえ不変ではないのです
永遠に学びは存在します
これはすばらしいことではありませんか

もっとも小さな変容とは
しずかな湖に落ちた小石のようなものです
さざなみは
はてしなくひろがってゆきます

――師をもつことは必要ですか

あなたのもっともたいせつな教師を
みすごさないでください
それはあなたの直観知です

教えるとはつねに思い出させること
燠火《おきび》をかきたてることです
意識の中にまどろんでいるものに
能動的に焦点をあわせるようにさせるのです
まったくの白紙に対して教えることはできません

あなたがたはみな通路《チャネル》です
あなたがたは自分の心の声に対して
ひらかれています
さもなければ、ここにいはしないでしょう
あなたは自分自身の人生経験という

深い井戸から
すずしく澄んだ水
愛、知識、知恵の水をくみあげて
ほかの人々にあたえます
あなたが真実である程度に応じて
あなたが天の光の中にいる程度に応じて
愛と光と神とが、かがやき出ます

だが、忘れないでください
教師が学ぶことをやめるときは
教えることをもやめるときです
そういう者はかたくなになり、凝りかたまり――
ひとつの道しるべとなるかもしれませんが
教師ではなくなります

師が弟子であり
弟子が師であるという考えは

新しいものではありません
そのことはあらゆる世代の
賢明な魂によって語られてきました
教えることから
多くの学びが得られます
だが、教師は成長しようと思うなら
弟子でありつづけなければなりません

✣

すべての宗教は
おおもとの根の部分は
神から霊感を受けたものであり
やがて知性によって把握され
限定され、ゆがめられ
ほとんど破壊されたことも幾度となくあります

わたしは宗教に反対するものではありませんが
教義の適用のされかたには疑問をもっています
万人の内におられる神を信じることが
究極の宗教です
そこに達するための道は
問題ではありません

宗教は敬われるべきです
それをこの世に生み出した光の
大いなる爆発のために。
でも、宗教の中に
個人がみずからの内にもつ力よりも
大いなる力があると思って崇拝しないでください
宗教的な教義は
何世紀にもわたって教えられてきました
おそらく、何世紀にもわたって教えられてきたため
人類の意識が成長しているのに

教義は成長や変化を拒んでいる点を
問題にしなければならないでしょう
最終的な判断は
いつもあなたの心が下してください

個々の人間の中の神は
いまも生き生きと息づいています
人間の経験の価値を度外視する
宗教的な道を信奉するひとたちは
人間性の中には神性がないと思っています
彼らが神をとらえるイメージの中には
あたたかみや共感や力強さがふくまれていません
それらのものは
みずからの内に神を求めるひとならば
体験することのできるものです
愛と共感を
みずからの人間性を拒むものたちに与えなさい
彼らの道はいばらの道なのですから

――自己犠牲は
霊的に必要なことですか

もしあなたが、澄んだきれいな水を
みたした水差しであるならば
あなたの人生に入ってくるほかのひとたちのために
よろこんで水を注いでやろうと思うでしょう
けれど、もしあなたがからの水さしならば
ほかのひとには
与えるという行為のなぞりしかできません
それはまったく与えることではありません
あなたの与えかたは要求がましくなります
なぜなら
あなた自身の必要が満たされていないからです

目的が立派な気高いものであっても
それをする自己が立派でなくてはなりません
自己犠牲は過大評価されています
だれも他人のために犠牲になる必要はありません
そこにはひじょうに微妙な
誤った思いこみがあります
犠牲が苦しいものであれば
それをするときにはどうしても
気の進まなさがつきまといます

あなたが満たされていれば
与えることは喜びです
それが愛なのです

✣

瞑想とは
あなたの奥深くにねむる宝
自己を愛するという宝を
解き放つための道です

瞑想をすれば、ときには自分の不完全さを
見なければならないという困難に
出会うこともあります
それは過渡的な状態です
生命の力が石化してしまっている領域です
この力が解放されれば
それはふたたび祝福に満ちてよろこばしく流れます
あなたの内なる存在に耳を傾けなさい
それはあなたの意識的な心よりも賢明なのです

瞑想についていえば
どのようなものでもけっこうです

音楽、静かな散歩、よい食事
炎の明り、蝋燭の明り
愛するひとと手をにぎりあうこと
なんであろうと
あなたの存在の喜びの中心に
錨をおろすことであれば
そして知性がもたらす雑音を
無視できるようなことであれば

形にこだわりすぎるひともいます
瞑想のかたちは
この地上を歩く人の数と同じだけあります
だれでもみずからの内なるしずけさの中に
内なる真実の中に
自分にできるやりかたで入ってゆくべきです
内部のこの光は
あなたが生まれながらにもっているものです

それはあなたの存在のエッセンスと
魂の叡知への鍵です

瞑想を行なうときには
そのしずかな時間を
開いた扉とみなしてください
その扉を通って
あなたはより明るい光の中へ
自己とリアリティについての
より拡大された知覚のなかへ
はいっていきます
定義とは
ものごとを明快にするためのものであり
それにとらわれるためのものではありません
それを忘れないように

瞑想をしていって

みずからが広がりはじめる入口にくると
知性的な心が
ついていけなくなる時がきます
知性によって自分を
コントロールしていなければならないと思うと
この意識の拡大がめざしているものを
制限してしまうことになります

最終的にあなたが
知性の心を越えてそのかなたに進むとき
あなたは魂の心《ソウルマインド》にふれることになります
魂の心は
瞑想の中でひろがった意識に対して
形と実体と
意味と関係性を与えることができます

✣

あなたの祈りが
たえず新たなものになりつづけますように

あなたは
自分のもっとも深い部分
憧れたり、求めたり、そして
ただ〝在る〟部分にふれたりすることによって
祈ります
その部分にみずから語らせるのです
言葉よりもむしろ、言葉にならぬ言葉で

憧れそのものが
生命の祈りです
「神よ、またあなたとひとつになりたく思います
故郷にかえりたいと思うのです」

祈りにやりかたはありません

祈りはただ存在します
それは〝一なるもの〟の部分です
それは故郷へのみちの一部です
あなたの好きな方法で祈りなさい

祈りとは
あなたが故郷とむすばれていることを確認するもの
たとえばあなたが子供で
やがて故郷を離れたとして
――あなたにはきっと覚えがあるでしょうが――
混乱してどうしてよいか
とほうにくれる時があったでしょう
そんなときあなたは故郷に
電話をかけないではいられませんでした
故郷がまだそこに存在することを
確かめるためだけに。
祈りもまたそのようなもの

それは故郷への電話なのです

✣

あらゆるレベルの理解と教えとを
あなたはこの世界で使うことができます
この世界は
あなた自身がひかれるものに
耳を傾けることのできる場所です
それにひかれなくなってきたら
別の形の教えを探しなさい

あらゆる国におり、あらゆる信仰の中にいる
まことの霊的な教師は
人類の意識を
個人的にも集合的にも
内なる神へとみちびいてゆくという

大いなる目的のためにはたらいています

✣

あなたの心を神的なものの導きにゆだねなさい
川にただよう木の葉のように受動的にではなく
川の水先案内人のように
よろこばしい深さを保って
流れにのってすみやかに流れてゆきながら
なおかつ自分の舟に
責任をもっていることです

あなたは自分の心
自分の愛、これが自分だという感じを
きちんと経験してから
初めて、ひろがった直観知に
ふれることができます

さもなければあなたは
直観を得ようとして
自分の心を失ってしまうでしょう
あなたがその力を得て
深めていっても
それなのに愛をなおざりにするとしたら
あなたはいったい何を
手に入れたことになるのでしょう

もしあなたが自分の心を保っているなら
何も失うものはありません
心を失ってしまったら
いったい何をかちえられるでしょう

——悟りに達するには
どのくらいかかるでしょう

人生におけるあらゆるものは
意識をひろげるという目的のために
存在しています
自分のどんな小さな一部でも
失うということはありません
小さな部分を少しずつ光にかえていって
やがて全存在が光となるのです

これはひじょうにゆっくりとしたプロセスです
あなたはひと月前と
同じ場所に立っているように
感じるかもしれませんが
そうではありません
あなたはひと月ぶん

人生経験を積み
そして以前よりも
めざめた存在になっています

わたしがこれを言うのは
あなたが失望しないようにです
努力を怠ることを勧めているのではありません
努力に対して意識的であればあるほど
成長は速くなります

5 霊《スピリット》の次元

光の存在たちを感じたいのなら
そのせつなる望みを
心の奥底にまで吸い込み
どのようにしてその望みが相手に伝わるのかという
期待や予期を捨てることです

期待というものが
どれほど経験を限ってしまうものかを
あなたは知りません
たったいまこの瞬間に
霊なる世界にふれる許しを
自分に与えてください
ただ許しさえあればいいのです
われわれはここにいます
息を吐いて、自分に許してください
あなたの頭脳はその方法を知らないのですが
心はすでに霊《スピリット》の世界にありますし

そして魂はそこを離れたことがありません
ようこそ、あなたのふるさとへ

✣

わたしはここにいるのでしょうか
そう、いるのです
手をのばせば
相手がふれてきます

もしあなたが「これはわたしの想像だ」と言うなら
そのようになります
そのとき、わたしはあなたの想像の断片です
あなたもそうです
あなたの世界も
あなたの願いも
あなたの愛もまた。

あなたはどうして自分自身に
そんなことができますか
そんな苦しみの中でどうして生きられますか

そう、わたしはここにいます
そしてあなたも永遠にここにいます

われわれは存在するのでしょうか
そのとおりです
神はおられるのでしょうか
神はおられます
あなたは恐れますか
はい。そして混乱していますか
無論のこと。あなたは不完全ですか
言うに及ばず。不完全きわまりないのですが
それでよいのです
それもすべて〝計画〟の一部なのです

神の愛が、ここに、かしこに
あらゆるところにあらわれているのです

――合理的な思考の中に閉じ込められている友人に
あなたのことをどう説明したらよいでしょう
いえ、まず自分の合理的な心に
どう説得したらよいでしょう

わたしがひとつの問題を提出したことには
気づいています
心からあやまりたいと思います
なんでしたら
少しばかりにっこりしてみましょうか

わたしというものを説明するのが
なぜそんなに難しいのでしょうか
それはあなた自身が

あなた自身の望みを
あなた自身の中にめざめて花ひらきつつある信念を
まだ少し恥ずかしく思っているからです
「神」という言葉を
礼儀正しい交際の中で口にするのは
まだ気はずかしいのではないのですか

わたしもあなたと同じように
魔術的存在ではありません
わたしは霊であり、あなたも霊であり
わたしは体をもち、あなたももっています
わたしの体は、わたしの意識の変化にともなって
少し変化します
あなたもわたしも同じ道を歩いています
われわれは真理を求め、われわれの魂は
神との〝一体感〟にもどろうとしています
われわれはみな自分の世界の中で成長しています

そうなのです

あなたのリアリティとわたしのリアリティは
それほど隔たっているわけではありません
物質的肉体をもつあなたがただけが
この宇宙に実在しているという思いこみが
ありますね
それはまったくちがいます
われわれはそれぞれの
物質的リアリティをもっています
わたしの現実はあなたのほど
写真うつりがいいわけではありませんが
ちゃんと存在しているのです！

✣

たったいまこの瞬間に
人間の数と同じだけの霊が
人間の進むみちにかかわっている

いまも多くの橋がかけられつつあります
多くの扉が開かれつつあります
そこをとおって、すべてをひとつにする光が
〝より大いなる光の世界〞から
あなたがたの〝光りはじめる世界〞へ流れこみます

さまざまな強さの光をもつ存在があります
物質的な存在もあり、非物質的なものもありますが
彼らは自己を実現するために
みないそがしく動きまわっています
神の創造の奇跡は
これら愛と意識の光がたがいにからみあい
生命と生命がからみあい、ふれあい、離れ

愛し、失望し、けれど学び
つねに学びつづけるこの光のきらめきを見れば
あきらかです
それはわたしにはとうていお話しできないような
壮麗でみごとなタペストリーなのです

心を落とさないでください
たとえ表面はどのように見えても
神は一瞬一瞬
あなたがた人間の意識の毎分のきらめきを
十全に感じておられます
闇があらわれて見えるのは
あなたがたの自己忘却という影のせいなのです

あなたがたの世界はわたしの世界を必要とし
わたしの世界も
あなたがたの世界を必要としています

われわれはともに進んでゆかねばなりません
われわれが出会う回数が増えるにつれ
黄金のめざめた意識の糸が
われわれの現実を互いにむすびあわせます
いつか
すべての幻影が消え失せ
われわれがともにひとつになる
世にも美しい瞬間がきます

それまでは
人間であるためには多くの信仰を必要とします
そうではないでしょうか

——だれにでもガイドはあるのですか

少なくともひとりの守護霊をもたない魂は

ありえません

あなたは導かれています
それを重ねて言っておきます
もはや人間になる必要のないものは
われわれの意識の次元にいて
ひとを導き、教えます
友人としてわれわれに接してください
あなたの生活に受け入れてください
われわれは崇拝されることは望みません
崇拝はただひとりのかたに属しています
それが神です
われわれがここにいるのは
ありのままのあなたに語りかけ、話をきくためです
われわれの中には、よび求めているあなたがたに
こんなふうに喜びをもってこたえ
奉仕する使命をもつものが多いのです

われわれは人間の望みと
霊の真実のあいだのかけ橋です
それがわれわれの選んだ仕事なのです

われわれはあなたがたを
より深い理解に導くことができます
あなたが永遠に進んでゆき
永遠に愛され、見守られていることを保証できます
われわれのできるのはそれだけです
そこからさきは
あなたがひと足ずつ進んでゆくのです

あなたは自分の生を生きるためにここにいます
わたしの役目は
あなたが内なる光へと導かれる道を
愛によって、照らし出すことです

――われわれのガイドとはだれですか
　どうやって彼らに接触できますか

あなたがたのガイドとは
ゆるしの次元に住んでいて
みずからを完全にゆるすことを学んだ霊たちです
彼らはあなたがたがみずからをゆるす手助けを
しようとしています
そして、万人の内にひそむ
まことのキリストを見出す手助けを

どうすればガイドたちに出会えるでしょう
瞑想と祈りを通じ
自分はそのような導きをうける価値が
あるということに
心を開くことによってです
そして夢にも思わないこと

おそらくはききたくないことに
進んで耳を傾けることによってです

心を開いて受け入れてください
導きはゆっくりとやってきます
わたしの現実とあなたがたの現実のあいだの
この幻影の壁は
そちら側から見れば
堅くしっかりしたものに見えるでしょう
でもわたしにはまったく壁は見えません

あなたがそれを現実とみなすから
それは現実になるのです

われわれの世界を隔てている
この壁が崩壊するのをゆるしはじめてください
すこしずつそこに穴をあけていって

光がはいってくるのを見てください

教えを求める責任は
まずあなたがたのほうにあります
教えを実際に役立てる責任も
あなたがたのほうにあります
霊であるわれわれのほうが抵抗して
あなたがたを締め出すことはできません
われわれは眠りの中で、霊感の中で
瞑想の中で、ひそかにささやきかけます
あなたがたに用意ができて、もっとはっきりした
コミュニケーションの手段を望むまでは。
あなたがたはこれらのコミュニケーションを
耳によってのみでなく
心によっても受け入れるでしょう
扉は開かれました
教師たちの用意はできています

――うけとった導きを信じてよいのでしょうか
試してみなければなりません。調べてみてください
語られていることに耳を傾け
最終的には心と
あなたの内なる知恵
直観を究極の審判者にしてください
あなたにとって正しく思われないことは
受け入れないでください
責任を決して放棄してはなりません
思い出してください。あなたが神です
あなたのその部分を信頼してください

✥

熾天使《してんし》というものがいて
さしせまった必要があるときに

地上におりてきます
そうした存在は、一生涯にわたって
この世にとどまる必要はありません
突然あらわれて
また消えてしまうので
あなたがたは互いにこう言い合います
「あのすばらしいひとを覚えていますか」
「まったく想像を絶していましたね」
「名前はなんというのでしょう」
「どこに住んでいるのでしょう」

――ガイドでない魂とも交流できますか

もちろんです
愛の結びつきは決して切れることはありません
愛の黄金の鎖は永遠で
まことに求められているときには
その魂はどこにいても呼び求められます
たとえふたたび転生していたとしてもやってきます
これを知っておくのは大切なことです

宇宙には慈悲と均衡と
愛があります

――闇の力について

闇に一方的に侵されることはありません
ひとがさきに闇に求愛しているのです
それは客人をもてなすというよりも
主人にうやうやしく話しかけるようなもの
道を求めはじめたばかりのそうした魂には
罰よりも同情と憐れみがふさわしいのです
あなたがたは幼稚園に入っていって

そこの子供たちが読み書きできないから
迷える魂だと言って非難はしないでしょう

闇は
脅威としてではなく
愛するための機会として
眺める必要があります

✣

あなたがたの世界とわたしの世界のあいだに
どれほど頻繁に交流があるか
あなたは知らないでしょう
交流はつねに行なわれています
われわれの世界を隔てているのは
あなたの作り出した
たった一枚の薄い幻想の幕です

あなたが子宮に入ったとき
あなたは制限された現実に順応しはじめます
そして誕生の瞬間には
即座にこの肉体に閉じ込められるのではなく
自分はいま旅に出たところで
それは重要なことで
多くのことを学ぶのだという意識があります
あなたの全意識は
この小さな肉体にはおさまりきらないのです
あなたはどこかで赤ん坊が泣いているのをきいて
それが自分だとわかります
そのように「自分」というものに同一化できるには
何か月も、いや何年もかかるのです

6

二元性
悪、闇、苦痛

あなたがたは明るく灯のついた部屋で
目を閉じて
暗闇がこわいと訴えている
子供のようなもの

すべての闇は
光が妨害されていることにすぎません

悪とは忘却以外のなにものでもありません

あなたがたは闇の本質を
知るべきです
それは有限なのです

あなたがたの中には
わたしがつねに善についてのみ語り
闇について語らないのは
なぜかと思うものもいるでしょう
わたしの見地からすれば、それは単に
闇が存在しないからなのです

あなたがたはみな光の存在であり
それぞれの思いこみの迷路を
悪戦苦闘しながらたどっています
あなたがたは学び、学び、学びつづけて
そして自分がだれであるかを見出します
あなたがたをこの物質世界につれてきた信念を
変えてゆきます
その信念とは
闇や恐怖の力を信じることであり
怒りには愛を圧倒できるような力があると
いうものです

それら闇や恐怖などは
学ぶためにここにあるのですが
それらをもたらしたのは、そもそもあなたです
あなたがたはそのようなものがあると信じることで
それらを作り出したのです
それらを作り出したのは
それから学ぶためであって
それらに打ち負かされるためではありません
もちろん、あなたがたみなの内に
闇があるように見えます
実際はそうではないのに
あなたがたがそうだと信じているからです
それは影にすぎません
あなたがたのあやまった幻想が送り込む影です
その影があなたがたを光から切り離します

わたしは光と愛の言葉で
これからも語り続けます
なぜならわたしの知るのはその言葉だけなのです

❖

人間の世界には
神聖でないものは存在しません

ここは神の世界です
この地上のゆがみと二元性のまわりに
一なる神の愛があります
あなたがたの二元化された世界をいだくのは
分割されることのないひとつのリアリティで
それはまことに
愛と光と真実に統《す》べられているのです

悪とは
神の意志と神の法則に対する無知にすぎません
神の意志とはわれわれの喜びと
祝福と永遠の幸福からできているのだと
気づくことができれば
だれも神の意志にあらがおうとはしないでしょう

否定的なエネルギーは
神の自然法則とともに流れていないように
見えるかもしれませんが
実はそれもあなたがたの物質世界において
神の仕事を果たしているのです
それがなければ、あなたがたは
光と闇のあいだの選択をせまられることもなく
成長のプロセスはのろいものになるでしょう
ゆえに、否定的なエネルギーも必要な部分なのです
それらのエネルギーは

神の意志に対する主人ではなく
しもべにすぎません
そのエネルギーみずからは
なかなかそれを認めないでしょうが

人類の二元性は
あぶなかしくもろいものに見えるかもしれませんが
つねに宇宙の叡知が
あなたがたをとりまき、守っています
あなたがたをとりまく恩寵は
愛と永遠の光
その中にあれば成長のみちを進むことができます

✣

否定的なものの中には
否定的なものをほろぼす種子がある

✣

あなたがたは信じているとおりを体験します
あなたがいるこの世界では
肯定的なものも、否定的なものも
あなたが真実と信じているとおりに体験するのです

✣

あなたがたひとりびとりの中には
たったいまのこの環境をつくった
おおもとの種子があります
あなたがたの住むこの地域で
あなたがたの固有の進化の時間において

二元性をもつあなたがたの世界では
二分法に大きな喜びを見出しています
それはあなたがたが
ときにうちこむ人生ゲームの一部であって
宇宙的な真理を見出すために
二つの陣営をたたかわせる喜びなのです
この二元性は
最終的には合一という目的を
果たすこともできますが
それはあなたがたが
それが目標だと知っていればの話です
偉大な思想家は
何世紀ものあいだ、真理をあれこれ分類して
解剖するのを楽しんでいました
そしてそれを一枚の完全な布から
切りとってきたことを忘れ
そのために、苦悩と混乱が生まれました

✣

光を追い求める人間がいるかぎり
影に追いかけられ続けるように見える
人間もいるでしょう
見方が変わって
影とは
自分が光をさえぎっている部分だとわかれば
怖れも幻想もなくなり
肉体を充分に生ききったのちは
それを離れる喜びがあるばかりです

✣

この世界の二元性には
神聖な目的があります

あなたがたは
このような形に現実を作る創造に参加しました
なぜなら、いまの個々の現実があるのは
この形においてだからです

その中にあなたは生きているかもしれませんが
それにとらわれているのではありません
ここはあなたの牢獄ではなく、教室です
あなたがたは二元性を通じて
二元性の中でも失われない
〝一なるもの〟を見出します

実際は、二つのものの対立はありません
それらが対立しているように見えるのは
ひとつの〝神の法則〟を
さまざまな方面から理解して
語っているからにすぎません

――食物連鎖の下位のものの苦痛は
わたしには受け入れがたく思えます

彼らの運命について考えすぎるという罠《わな》に
陥ったものにとっては
葛藤がおきるでしょう
でもそれらの小動物の意識においては
過去も未来も
「べし」も「べからず」もありません
ただ存在するのです
これを知れば善悪の判断が消えて
環境のすべてが受け入れられるでしょう

――けれど小鳥のひなが
巣から落ちた場合などは……
その鳥に救いはあるのでしょうか

愛が救いです

――もし猫がしのびよって、鳥を殺すとしたら
　　鳥に救いはあるのでしょうか

愛が救いです。愛は鳥のみならず
猫をも救うでしょう

あなたがたが
捕食者というレッテルを貼ったものの中に
残忍さ、怒り、冷酷などを見てとるときは
それはただ自分の反映を見ているのにすぎません
二つの意識があいよって
互いのかかわりを成就するときには
その行為の背後に
愛、均衡、理性、目的を見ることができます
そうすればあなたがたはもう
自分を苦しめる幻影に悩まされないでしょう

あなたがたが
――盲目的にではなく、無思慮にではなく
気づきをしだいに深めていって――
人間のおかれているこの環境を受け入れるならば
あなたがたはしだいにそこに
自分の光の反映を多く見るようになります
いつか
人間社会に何かおきていても
あなたがたはそれを
燃え上がる光と見て
自由になることができるでしょう

――鳥がみずから巣から落ちて
　　自らを猫に贈物として与えるということは
　　ありえますか

それはみずからへの贈物としてです

神は、その意識においては
鳥の落下と
鳥の死を
よろこばしい再合一として
光が故郷にかえる姿としてとらえます

❖

あなたがたが一番高い山にのぼり
自分たちの世界を眺めるとしたら
そこには闇よりはるかに多くの光があり
憎悪より多くの愛があり
暴力よりもやさしさがあることがわかります
それらの否定的な部分のほうが
はっきり目立つだけなのです
その部分は救いを乞い求めています
それは迷子になっておびえている子供のようなもの

ほかにどうしてよいかわからないので
わめいたり叫んだり、打ちかかったりしています
彼らのために祈りなさい
万人のために祈ってください
恐れることはありません

❖

――この次元において、歓喜を体験することは
できますか
それと対になる落ちこみを経験せずに

あなたがたが落ちこみも喜びもひとつだと
みなすことができたとき、それができます

苦痛の体験の中に
別のリアリティを見るには
信仰の飛躍が必要です
苦痛と闇は
ひじょうに説得力が強いものですから

❖

あなたは痛んだり叫んだりする
物質的肉体をもっています
自分を引き裂くような感情をもっています
そうした苦悩のおりには、ぜひ
それを経験しているのはだれかと
みずからにたずねなさい
経験していることを感じながら
その中にのみこまれず

観察している者がいます
それが〝光〟をもたらす者になるでしょう

❖

あなたがたの宇宙の概念の中には
宇宙の安定性があるからこそ
個々の混沌がうまれる余地があるのだと
気づいてください

❖

暴力を変容させ
それが本来そうであるような
美しい光の力にもどす方法は
暴力を、あらわれどおりに見るのではなく
それが最後に変わってゆくべき光の力として

見るという繊細微妙な仕事です
ここにはあなたがたみなにあてはまる鍵があります
もっとも軽蔑すべきものの中にも
ゆがめられてしまった神聖なる性質を見てください

暴力が、悪意ある攻撃へとねじまげられる以前
それは神聖な状態においては
どのようであるのでしょうか
それはみずから立つ力
話す力、光への深い信仰を
あかしする力です

暴力とは外から見ている形です
でも、真実よりは
ゆがみのほうを見ています
暴力の中には勇気があります
それを一瞬たりとも忘れないでください
それは
「べし」と「べからず」の外に踏み出すことです
それは「わたしは存在するから、注目せよ」
と告げています
その言葉を霊的な教えとしてきけば
暴力を
自分の中で変容させ
世界の中で変容させる手段が見つかるでしょう

殺人、暴力、残虐、
悪意、邪悪は——そう、すべては存在します
学校にあがる前の幼稚園においてさえ
暴力はそれを超えたレベル（必ずしもよりよい
レベルではなく、いくらか賢明なレベル）に
いるものには
耐えがたいものであり
それを見れば苦しく

その苦しみが苦しみを生み出します
恐怖をおそれないでください
暴力に暴力でむくいないでください
苦痛を見て苦しまないでください
もしそうでなければ、あなたがたは
避けようとしている相手を
不滅にすることになります
それらの事柄に対して判断をするとき
あなたがたは神のリアリティを
あなたがた人間の理解の範囲にまで
せばめ、ひきおろしています

あなたがたの座っているところから見れば
正義と邪悪がありますが
わたしの座っているところから**見れば**
真実があります

人間の世界では、多くの者が
殺人者が死後の世界でその暴力の償《つぐな》いに
どんな罰を受けるだろうと心待ちにしています
でも、あなたがたは裁くことはできません
ただ祝福し、祈り
心を開いていて、信じることしかありません

――われわれがみな最後に
ひとつの魂にもどるとしたら、
わたしはあのヒトラーとともに
　全体の一部になるのでしょうか

あなたとヒトラーが
ひとつになる準備ができたときには
あらゆる憎悪は
光と真実に
変化するでしょう

❖

あなたがたの世界は
光の曲がっている場所です

でも、光はそこにあるはずです
でなければ、世界はまったく存在しません

7
不完全さとの出会い
恐怖、疑い、その他のつまずきの石

あなたはまさに、不完全な完全存在です

あなたの未発達の部分にも存在する権利はあります
それらは過去の事実をささやきます
混乱や、満たされなかったことや
神から隔てられているという魂の痛みや
神とふたたびひとつになりたいという憧れを

この地上には
相対的な完全性しかありえません
それに、あなたは愛されるために
完全である必要はないのです
不完全なまま、おだやかに、心から愛し合いなさい
自分にやさしくしてください
物質次元で、完璧を望むことは
あなたの最悪の敵になるかもしれません

完璧でなければならないとこだわれば
成長が妨げられます
不完全さをもあなたの人間性の一部、
成長してゆく一部として受け入れてください
あなたが自分で不完全だと思う部分を
愛することができれば
変容への第一歩が踏み出せます
あなたがたがそれをよくないと判断し
捨ててしまうなら
それは硬い殻となって、光を遮断してしまいます

もしあなたがたが
自分の本性を否定するなら
その否定からぬけられなくなるでしょう
あなたが今あるものを
その真実の姿において受け入れるなら
あなたがたは自由になります

拒否を通じて、ものを手放すことはできません
愛を通じて手放すのです

光を求めて努力をすることはすばらしい使命ですが
あなたがたは闇を認めるまでは
光を見出すことはできません
完璧であろうと切望し追い求める人間は
どんな人間よりも
完璧に近づいています
あなたがたのいまの姿は
未来へ進むのに必要なステップであり
そのようにして永遠の中を通りぬけてゆくのです

心を楽にしてください
でもあなたがたの不完全さに
安住はしないでください

だれが完璧を要求するのでしょうか
人間の肉体に閉じ込められたあなたがたの魂だけが
完璧こそ必要だとなぜか信じているのです
そうではありません。必要なのは真摯さであり
開かれた心です
それこそが求められている完璧さ——
つまり完璧に望むということです

宇宙の完璧さは
あなたがた人間世界の
不完全さを
つつみこむリアリティである

✣

否定的な感情が出てきたら
愛情深い母親が
恐れて混乱している子どもを眺めるように
それを眺めなさい

あなたがたが内なる神を否定することが
難しくなった時こそ
人生でもっとも幸運な時期です
闇の中にあるあなたの一部を否定しないでください
否定すれば、それはまたあらわれてきます

あなたがたが誤った判断や
時期をあやまった、意図をあやまった思考や行為に
気づくとき
復讐したいという望みや
怒りや許さない気持ちに気づくとき
それは自分におめでとうというべき時です
あなたがたは新しい見方を得て
より意識的なやりかたで

これらの物事をとりあつかいます
それはひとつの機会なのです
ひとつの扉が開かれました
あかりがともされました

いつも心をとぎすましていれば
あなたは自分自身に対し
成長と変化への道を開くという贈物を与えられます
闇の中ではものが見えないからといって
自分を批判してはなりません

あなたの中に光が見つかったら
自分がつねに
叡知の中心にいたことがわかるでしょう
あなたが自分の光の部分と、混乱の部分をもって
また怒りと望みとゆがみの部分をもって
まことの自分自身の中をより深くさぐっていくと

あなたがたはまことの生ける神を見出すでしょう
そのときあなたは言います
「わたしはずっと昔からあなたを知っていた
多くのちがった名前であなたのことを呼んでいた
あなたを母、父、また子と呼んでいた
あなたを恋人と呼んでいた
あなたを太陽、花と呼んでいた
あなたを、自分の心と呼んでいた
しかしわたしは、たったいままで
あなたを〝自分自身〟と呼んだことはなかった」

――どうすれば自分を許せますか

あなたがすみずみまで自分自身になったら
どうして自分を許せないことがあるでしょう

内なる神を見出すためには

いまのあなた自身をそのまま受け入れる
自己受容の門を通りぬけねばなりません
そう、あなたのすべての咎《とが》と不完全さ
あなたのすべての小さな秘密
自分のものだと認めるのもいやな恐ろしい醜さ
それらはすでに知られています
それらは〝神の計画〟の一部なのです

まことの受容とはこう言うことです
「これでよし、これでよし、これでよし」

自己受容ができれば
自己を許す必要もなくなります

――自分が恥ずかしく思っているもの、
　悪かったと思う行為には
　どのように対したらいいでしょう

正直に後悔することで。
正直な後悔は心からわきおこるもので
すみやかに浄化します

何かの行為に対する責任をとるのは
立派なことです

責任感と罪悪感は別物です
罪悪感は否定的で非現実的なもの
責任感は成熟したもので、あなたを
森から光の中へ連れだしてくれます

あなたの不完全さは
別の苦痛で償《つぐな》われるべきだと感じていると
あなたの世界には罪悪感がはりめぐらされます
もっとも破壊的で、もっとも無益で
もっともよどんだエネルギーとは罪悪感です

それはなんの意味ももたず
ただあらゆるものを停止させます
それは盲目感、窒息感、孤独感です
世界は不透明になります
逃れる道はないように思われます

内なる神の光の否定
神とひとつになりたいという望みの否定が
罪悪感をもたらすのです
それは魂がみずからをあざむいているのです

神は罰を与えないばかりでなく
宇宙にも罰ということはありません
あなたがた愛すべき人間は
神が罰を与えるにさきだって
すでに自己を罰しているほうがよいと
思っているようです

――プライドはどうすれば克服できますか

それは克服するものではありません
プライドはあなたの敵ではありません
あなたの幻想の一部にすぎないのです

プライドを感じる人は
自己卑下にうちのめされたことがある人です

プライドを、子どもがものをほしがる時のように
受け入れ
その後ろにある苦痛
プライドの壁をうちたてた、もともとの苦痛の中に
入っていってください
そうすれば
ひじょうに美しく花開きつつある意識が
みずからを守るために

プライドという鎧《よろい》をまとったことが
わかるでしょう

❖

あなたがたを分離するのは「特別さ」です
「独自さ」はあなたがたを
互いにとかしあわせ、それでいて
ほかのだれにもできないことを
あなたにさせてくれます

この人間の経験の層を少しずつ剥がしていけば
自分自身と恋に落ちることができるでしょう

❖

虚栄心とは
自己との快い関係を
うちたてたいという必要から出てきます
虚栄心に対し、辛抱強く、やさしくしてあげなさい
いったん自分自身を敬うことを身につけたら
――あなたがたには完全に
そうする値打ちがありますが――
あなたはより深いところに進むことができます
少なくとも自分を守る防御の殻を
見出したのですから

ただし虚栄心の下には
罠《わな》がひそんでいるかもしれません
あなたはそれをよく知っています
あなたが罠にかからないですむように
その罠を指摘しておきましょう
表面的にのみ自分を愛した場合

そのことに虚しさを感じると
じわじわと疑いがわきおこります
真の自分の姿は
だれにもわかっていないのではないか
ひとには、自分が装うことにした
自分の仮面しか見えないのではないかと

虚栄心が罠になることがわかったら
あなたがたはそれを捨てはじめます
なぜならそれはもうあなたの役に立たないからです
でも、その価値を疑ってはなりません
それはあなたの真に求めるものが
誤ったあらわれかたをしただけです
でも、そのとき
あなたが立ってまわりを見渡せば
あなたの世界にはすべてがあるのではありませんか

――怒りについて話しましょう
　それは霊的にひとをひきさげるものです
　怒りを処理するには、
　実際にはどうしたらよいでしょう

まず、それを霊的にひきさげるものとよぶことを
やめることです
あなたが感情を
自然にもよおすことができるという事実は
喜びであり、すばらしいたまものです
なんとたくさんの人間が
自己コントロールを失わないためには
ひじょうに強烈な感情をさえ
知性というフィルターで漉《こ》さなければならないと
信じていることでしょうか
これはまったく苦しい状況です

あなたがたの感情の自発性をほめてください
それは霊的にひとをひきさげるものではなく
こう示しているのです
怒りがこんなふうに噴出できるものなら
そのようにあなたの心も開くことができ
神の言葉がきこえてくるだろうと

✣

怒りは
防御の手段です
怒りは経験するだけで
充分です
怒りにそれ以上の処理をする必要はありません

怒りの下には
つねに恐怖があり
恐怖の下には
つねに
願望があるのです

✣

怖れとは
カルマ的状況の中での
おもなかなめ石のひとつです
それは永遠の愛を信じないことを
あらわしています
それはあなた自身に対する
不信です
それは真理と光と

愛の
極端に堕落した形です
あなたがたの世界はまさに
とりかかろうとしています――
大いにゆがめられた
真理と光と
愛との
癒しに

怖れとは
暗い場所で急速にはびこる
意識のキノコです
それは神の言葉と
光とを締め出す
もっとも強力な扉です

怖れとは
門を守るドラゴンです
それは光の拒否であり
光の拒否は
神への抵抗です
それこそあなたがたを
神から隔てている誤りです

――われわれは
ほんとうは何を恐れているのでしょう

あなたがたは辱《はず》かしめられることを恐れています

誤りをおかすことを恐れています

あなたがたは
自分の知っていることを
人間としての経験の中にもちこんだとき

それが分解してしまうのではないかと恐れています
あなたがたは真理を信頼するのを恐れています
あなたがたはこの不完全な世界において
愛することを恐れています

❖

あなたがたは
祈りと瞑想と
順序立った思考によって
怖れを追い払うことができます
親が子どもの理不尽な行動を
受け入れるように
自分の無知と抵抗を
受け入れるようにしてください

闇が何を言おうとしているのかを
理解してください
誤りやすい思考のプロセスが
あなたがたの中に入ってくることを受け入れれば
それを自分の屋根の下にもちこみ
光に変えることができます

賢明な耳をもって
怖れに耳を傾けてください
あなたがたは人生で何を恐れていますか
あなたがたは自分自身の中の何を恐れていますか
怖れに挑戦し
怖れが何を言おうとしているかを尋ねてください
あなたがたが目をひらき、心をひらいて
勇気を自由にほとばしらせて
怖れの中に入っていくと

怖れとはからの部屋にすぎないことが
わかるでしょう
怖れの強さは
あなたがそれを避けようとする強さと同じです
怖れを見ることに抵抗すればするほど
受け入れて抱擁することに抵抗すればするほど
あなたがたは怖れに大きな力を
与えてしまいます

怖れとは未知
怖れとは想像力
それは現実ではありません

宇宙には何も恐れるものはありません
あなたがたのいまの発達のレベルにとっては
根底的な真理であり、また必要である死でさえ
その中には何も恐れるものはありません

神の実在の
永遠のリアリティの中に
憩《いこ》いなさい
その中には
あなたがたの地球を歩くだれよりも
深い計画
賢明な意識
力強く愛する心があるのを知りなさい
わたしはあなたがたが
永遠に安全であるということを知りつつ
あなたがたを祝福します

怖れを破壊するのではなく
その性質を知って
怖れは愛の力より
劣った力と見なすことが大切です

怖れはトリックであり見せかけであり
まやかしにすぎません
それは幻想です
あなたがたの世界では、わざにたけた手品師たちが
はばをきかせています
彼らの袖の上を
背後を
テーブルの下を見てください
手品師の真の姿を見破ってください
怖れという手品師はぺてん師にすぎません

✣

怖れとは
鏡をのぞいて
自分に向かって
しかめ面をするようなもの

✣

未知のものへの怖れとは
忘れることからきています
魂にとって
「未知」などというものは
ありません
自分自身の神性を
思い出さないときに
自然に怖れや
抵抗がおきるのです

あなたは安全です。あなたは安全です
あなたはどこまでも守られています
おお、愛するものたちよ
あなたがたに

宇宙の
愛に満ちたやさしさを
均衡を、公正さを
よろこびを、美しさを
体験させてあげられたらと思います
そうすればあなたはこののち死ぬまで
一秒たりとも怖れを感じることはないでしょう
そう、このことは真実です

✣

エデンの園に
ひそむ蛇とは
性愛ではなく
疑いである

✣

あなたは物質的リアリティの中で動く
霊的な存在であることを
疑っていますか
もちろん疑っていますね
でもそれが普遍的な誤りであることを
わたしは確言します

あなたがたは肉体のこの組成のゆえに
しばしば無価値感や
有限性を感じ
ときには絶望や不毛さも感じるでしょう
しかしあなたがたの物理次元の構造の中でも
大いなる進歩がなされうるのです
それが輪廻の目的です

物質的肉体があるかぎり
疑いはあります
疑いをつまらぬものと見下さないでください
それが人間のありかたです
疑いがなくなったら
あなたは人間でいる必要はなくなります

あなたの一歩一歩が
目的地までの完璧な道の上にあり
誤りなく導かれているのを知ってください
あなたがたがわき道とみなすかもしれないものも
わき道なぞではなく
あらゆる可能性のうちの最上のものです
疑いの洞窟に入っていくことによってのみ
真理と光を見つけることができるのです
魂の進化の途上では
大いなる一歩が起こるときは
非常に危うい時期です
たとえをあげてみましょう
あなたが梯子《はしご》のある段から足をもちあげ
上の段にかけようとするとき
一瞬、どこにも足をおくことがありません
全神経を集中し
あなたのすべての現実が
そのあげた足の足裏にかかっているとみなすとき
あなたはほんとうに恐怖に襲われるでしょう
梯子の両側の棒につかまっている手も
下の段に残してある片足も
あなたの目には
入らないからです

――執着を離れる方法を教えてください

それは自分が何に執着していると感じるか次第です
執着というものは悪いものではありません
それがあなたを制限しないかぎりは

執着は、否定的な意味では
自分自身を物理的、肉体的現実と同一視させ
次のように言わせます
「ここにいればわたしは安全だ
ここにいれば力があるし
これからもここにとどまろう」

しかし物質的なものも美しいことがあります
そして美しいものには喜びがあります
喜びは、その物体そのものではありません
喜びはあなたがそれを賞《め》でることにあります
そしてあなたに喜びと楽しみを教えてくれるものは
なんであれ価値があるのです

もし執着を去ることがこの世の定めなら
〝一体感〟もまたあなたの物理次元の学校から
失われてしまうでしょう
そうしたらどうやって
〝一体感〟を学ぶことができるでしょう
そのようなことは体験する必要があります
そうでなければ
あなたが学ぼうとしている〝一体感〟そのものを
あなたがどこで避けたり
〝一体感〟を邪魔しようとしたりしているのか
理解するきっかけもないでしょう
求めあい
憧れあい
互いを必要としあうことがなければ

人間の共同体はなくなるでしょう
霊《スピリット》であるわれわれのいだく
お気に入りの夢のひとつは
すべての魂、すべての心、すべての手が
互いに向かってのび、触れ合おうとする瞬間を
思い描くことです
そのときは執着を去ることは必要なくなり
まばゆい光があるばかりでしょう
あなたを勇気づけるためにつけ加えるなら
このことはもうすでに始まろうとしています

——苦しい状況に
うちのめされることなく
それを体験するには
どうしたらよいでしょう

それらを授業とみなし
罰とはみなさないことです

生を信じなさい、友よ
生があなたをどれほど道を外れた辺境まで
連れて行くようにみえても
その旅は必要なのです

あなたがたは
広大な経験の地平を通りぬけるためにきました
真理がどこにあるかを確かめ
ゆがみがその地平のどこにあるかを確かめるために。
それがわかれば
あなたがたはおおもとの中心である
魂の自己へと
はるかに力に満ち
賢くなって帰ってゆけるでしょう

人生の途上で
どのような中間ゴールが見出されるにせよ
おおもとの目的はつねに
魂が進歩していって
〝自己〟および神と、ひとつになることです

心を安んじ
光と信頼の中で人生を歩みなさい
あるはずのないものは
あなたのところへやってきはしません
魂をおびやかすような出来事は
何ひとつあなたの人生には起こりません
ほんとうに、人生のすべての経験は
めざめをうながしてくれます
魂の成長のプロセスに
役立たないものは何ひとつありません

✣

根源的な信頼ができるようになるまでは
いつも
つねに何かやり残したことがあり
何かが中途半端であるという気持ちがあり
そうした気持ちが
何かが成就された喜びの瞬間にも
顔を出し、叫びたてます
「ははあ、おまえはこれを忘れているぞ
おまえが完璧だなんてとんでもない」
そしてあなたの喜びはがらがらとくずれるのです

8

生の祝宴

創造、歓喜、豊かさ、成就

歓喜とは
あなたの内なる神が立ち上がることです
そして武者ぶるいをして
微笑しはじめること

✣

喜んでいるとき
あなたは神をたたえています
あなたは生の祝宴をたたえています

生には喜び以上のものが
あるということは確かですが
喜びは軽視されるべきものではありません
たしかに生には喜び以上のものがあります
無限に多くのものがあるのです
成長の過程

探索の過程、奉仕と愛の過程に
決して終わりはありません
物質世界の喜びは
霊的世界の喜びでもあります
すべてはひとつ
人間らしい喜びは
あなたを神への愛からひきはなすことはありません
愛は愛です
もしあなたが人間の祝福にたえられないのなら
永遠の〝一なるもの〟の祝福に
どうしてたえられるでしょう

もしあなたが
岩の意識を調べてみるなら
そこに大いなる喜びのあるのがわかるでしょう
〝一なるもの〟とともにある心のやすらぎ
岩であることの喜びを
あなたは見つけるでしょう
岩はその存在の自然な流れの中で
法悦を感じています

法悦とは
一とか十とかいった割合では計れません
それは法悦なのです

✣

あなたがたはなぜみな
喜びや優しさを疑っているのですか
ここもまた神の世界ではありませんか
喜びは、生の自然な一部です
あなたがた人類はせかされ、圧迫されているので
生を味わうという

精妙な喜びを、自分に与えないでいます
こうして、大いなる喜びと美しさが
気づかれぬまま通りすぎていきます
もし注意深くめざめて生を生きるなら
生はあなたの憧れ求める豊かさと
栄養とを与えてくれるでしょう
人生と自分自身に対する契約を
日に何度も新たにすることを
自分に許してください

あなたがたは生の温かさと
やさしさを求めていますが
それを得ると、活動的でなくなると感じています
神を思い出させるものは
つねに外のきびしい現実の中に
なければならないのですか
もしあなたが
どこかに見出した美を信じられないなら
どうして心を開いて
永遠の美である神との〝一体感〟を
信じることができましょう

永遠の意識存在を
深刻な思想と考えるよりも
おだやかな笑い声と考えたほうが
おのおのの魂の求めには
ふさわしくないでしょうか

生が思惟にいろどられているのは
あなたが永劫の喜びと結ばれていない時だけです
深刻に思いつめても、なんの役にも立ちません
あなたは笑わなくてはなりません
あなたがたはそれぞれの仕方で遊ぶ必要があります

喜びに満ちて、瞬間瞬間に生きるという
子供っぽい性質は神の性質でもあります
愚かさやおかしなことや
踊り、愛
降伏、放棄
かろやかさなどは
脈打って成長している人間の一部であり
それはあなたがたの世界への祝福であります

神は苦悩や苦痛を編み出しませんでした
抵抗が苦悩と苦痛を編み出しました
神の意志とは
平和と歓喜、健康と豊かさで世界を輝かせること
そしてここが須臾《しゅゆ》の滞在地であるという
めざめた意識で、世界を輝かせることです

喜びは学びです
喜びは苦痛なき体験です

✣

自分が意識体として永遠に存在し
霊《スピリット》なるわれわれも存在し、神も存在すると
なんの疑問もなく信じられるならば
あなたをとりまく生の環境は
目に見えて明るくなってゆきます
あなたはいかなる闇もゆがみも
つくったり、呼び寄せたりしません
それは、あなたがたの地理上の世界に
「エデン」と呼ばれる場所が
生まれるという意味ではなく
あなたがたが、出来事の真の意味に

目覚めるようになるということなのです
あなたがたが物質的肉体に住むかぎり
物質世界の制約を受けますが
体験はまったく異なったものになるでしょう
苦痛がなくなります
妥協もなくなります。それは
「そうか、わたしは永遠の存在なのだから
苦しみなどなんでもないいんだ」ということとは
違います
まったく違います
あなたがたは比喩的に、観念的に
そして、まさに文字通りの意味で
苦しみを体験しなくなるのです
これは苦しみを合理化することではありません
合理化には罠《わな》があります
そうではなくそれは
真理に全的にのみこまれることなのです

あなたがたは苦しみと喜びを
過去の人間たちの教えという望遠鏡を通して
眺めるので
なかなか信じられないのです
疑いなき喜びの体験の中に
苦悩が溶解してしまうような
そんな喜びの状態で生きられるとは。
喜びは苦悩の実体を変化させるのです

✣

視覚化という行為のもつ
大いなる力に気づく必要があります

ヴィジョンとは霊《スピリチュアル》的なリアリティであり
この世に在るあらゆるものは
最初に霊《スピリット》の世界に存在しました

まず思念が生まれ、それから
より密度の濃い物質的な存在となります

あなたが自分の先入観を検証してみれば
その先入観は誤解であったことがわかります
あなたがたの気づきの範囲は広がります
たとえば壁はもはや壁ではなく
動き、振動する意識となります

視覚化されうるものは
あなたがたの物質的リアリティにおいて
実現できます

✣

自分にはなんの選択もないという感じに
襲われたら
あらゆるものに対する判断停止をしなさい
それはあなたが作り出したトリックで
人生に責任がないふりをすることで
人生の喜びをも避けようと
するものです

そうではなく、あなたが真に求めるものを
視覚化しなさい
試してごらんなさい。友よ、気をつけるのです
なぜなら、もしあなたが何気なく何かを視覚化し
しかも確信をもってそうしているなら
自分ではそれを望んでいるのかどうかが
確かでなくても
実現してしまいます
これは魔法でも、いつわりの希望でもありません
それがあなたがたの創造的衝動のもつ力の
実体です

ですから、できうるかぎり自己に対する気づきを
発達させることが大切です
そうすれば、自分で選択しないことが
人生にひきおこされることはありません

あなたは人生を自分で作っています
外界のいかなるものも
あなたと無縁ではありません
人間の念のあらわれのはかりしれぬ喜びとは
まわりを見まわし
あたかも外の環境のように思えるものの中に
魂そのものと思われるものを見出すことです

物質的な環境をシンボルとして
肉体を魂の延長として
あなたの存在が言葉になったものとして
眺めなさい

あなたの人生があなたの主人ではありません
それはあなたの生んだ子供です

✣

あなたがたの創造の喜びは
人類に対するもののみに
限定すべきではありません

たとえば、意識が自分の一部分を
あなたの世界のほかの生き物の形で作り出すとき
そこにはすばらしい喜びがあります
自分の意識から、美しい花を作り出せたら
あなたはどんなに嬉しいでしょう
しなやかな猫や
巨大な象を作り出せたらどれほど楽しいでしょう
わたしの言うのは単なる空想ではありません

わたしは、意識がみずから自己を作り出して
探求してみるやりかたについて
説明しています
ですから、宇宙の意識のなかに
自分自身を花として体験したいと
望む部分があれば
それによって、花が進化していくのです

あなたがたは人間の姿をとっているので
自分が人間以外の意識をもっていると
考えることは難しく
かつ、自分の一部を
〝人間より劣った〟存在として作り出すことを
選ぶのは難しいでしょう
ですからわたしはそれはとりあえずのけておいて
あなたがたの想像力にまかせます

❖

あなたは、もしそれが存在すると信じるならば
恩寵に満ちた庭園を
作り出すことができます
そして、必要だと信じれば
耐えがたいほどの苦しみを
自分自身に与えるべく作り出すこともできます

それは頭で考えて行なわれるのではありません
だれも苦しみたいひとはいません
しかし、世代から世代へと保存され
うけつがれてきた信念体系があります
家族の一番の年長者にむかって
一族につたわる迷信や
信念についてきいてみるのは興味深いことでしょう

あなたはどのような信念構造の中で
生きてきましたか
それを検証すれば見えてくるものがあります

――物質的なものを得ようと努力するのは
　われわれの霊的な目的への
　妨げとなるでしょうか

あなたがたが物質的なものを
物質化した意識とみなすならば
そんなことはありません
物質世界にいるときには
食物や衣服が必要ですし
あなたは、美しく、居心地よく、理想的な家を
ほしがるでしょう

それらは自己愛に付属するものです
自己愛が真に認められれば
あなたはそれらをもってはいけないとは
思わないでしょう
自己愛はあなたの両手をひらき
与えるだけではなく、うけとらせてくれます
しかもそれは
だれかから奪ってくるのではありません
宇宙は無限です
万人にあらゆるものを与えても
まだまだ余剰があります

すでに存在する豊かさから受けとるには
どうしたらよいでしょう
自分が豊かさに値するためには
どうしたらよいでしょう
難しいと思いますか
ただ待ってごらんなさい

あなたが
うけとるやりかたを学んだとき
物質的に必要なものは
すべてあなたのものになるでしょう
金銭に対する罪悪感から脱し
それを聖なる宇宙の一部として
地上の物質的現実の一部として受け入れるなら
金銭というものには
あなたが与えただけの力しかないことがわかります
それは必要なものなのです
あなたがたはみな金銭というものを
あまりに堅苦しく考えています

——この物質次元での「成功」を
わたしは求めないことがあります
なぜなら
わたしはいま、ここに存在するものの中に
喜びを見出すべきだと感じるからです
そして自分自身のために何かを求めることは
どうもすっきりしません
これについて何かお考えがありますか

大いにありますとも
霊的な修行につきものの
ひとつの思いこみがあります
それは
「すべてを得るためには
何もほしがってはならない」というものです
この言葉を
その文脈どおりにとれば
「ほしがる」ということは、貪欲をさしています

しかし、この世界の豊かさを味わいたい
それを愛をもって
うけとりたいという欲求があるときには
それを得ていけない理由は
まったくないと思います

世界の豊かさと
神の愛の豊かさの間に
分離があると信じていれば
葛藤が生じるばかりです

――肉体をもっていたときには
あなたは何をして生計をたてていたのですか、
エマヌエル?

最後に転生したときには
わたしはあなたとそっくりでした

ただひとつの違いは
わたしはひとかけらの罪悪感も
後悔も怖れもなしに
心の欲するところに従いました
わたしは教師になりました
そして世界じゅうをまわって
みんながわたしに愛をこめて
ふれられるようにしてあげ
できるかぎりわたしも愛を返しました

もうひとつ言いましょう
わたしは豊かでした。富と
かたく結合されている貨幣の数においてではなく
別の意味で豊かだったのです
そして、一日たりとも
食べ物に困ったことはありませんでした
夜、寝るにも

必ずすばらしい場所がありました
家もありました。仕事もありました
そしてわたしは統合された存在でした

❖

あなたがた親愛なる魂たちは
エデンの園に入るとき
おそるおそる歩いていきます
そこがあなたがたの本当の故郷であることを
知らないのですか

完全な成就という考えが
意識に入ってくると
大きな怖れが生じます
あなたがたは
探し求めることを生きがいとしてきたので
見出すことが、脅威となるのです

ほんとうに
人間のすべての経験の中でもっとも難しいことです
――自分の自己、生、光
真実、そして神を自分のものとすることは

❖

生の道すがらチャンスがあるたびに
できるかぎり多くの光をとりいれましょう

できるかぎり多くの喜びと楽しみを見つけなさい
もちろん、だれかに迷惑をかけるものではなく。
それは喜びとはなりません
だれかの邪魔をするのでもなく。それは苦しみです
そうではなく

ほんとうの喜びのあるところを行きなさい

自分を認め、愛する喜び
互いを優しさと思いやりをもって
眺める喜び
それらはほんとうの永続的な喜びです
肉体の物質性もまた楽しめます
性的存在であることも楽しめます
――愛があるならば

幻想に対する究極の挑戦とは愛です
ですから自分を愛してください
他人をも、自分を愛するように愛してください
(それが愛せる最大限です)
なぜなら愛は愛だからです
いったん愛が生じたら
それは全方向にひろがっていきます

あなたの人生を祝福してください
喜びをもたらせるところには
喜びをもちこんでください
そしてその喜びを
秘かな罪悪のようなものとしてではなく
真の喜びとみなしてください
もしあなたが喜びに対して
幻想という観点から判断をくだし、裁くなら
喜びは失われるからです
そしてあなたはより長く
教室にとどまらねばなりません
それはほんとうです。なぜなら
苦しむことは、光と天国にいたる道ではありません
喜びこそそれなのです
まことの喜びです。いつわりの喜びではなく。
あなたがたにはみな、その違いがわかっています
まちがえたときは誰でもわかります

病気になります
ばかなことをします。破滅的行動をとります
それで
自分が自分を裏切っていたのだとわかります

あなたがたは花開き、かがやき
嬉しさのあまり
通りを踊りながらくだってゆきます
なぜなら、幻影は自分が作り出したもので
自分が学ぶためにあり
いつでも望むときに
ただ自己愛によって
それを変えることができるとわかれば
自由になるからです
あなたがたは用意ができたときにはいつでも
故郷への道を準備しているのです

ところであなたがたは
ほかの多くの人に
神の存在の絶対的真実を教えています
そしてあなたとわたし
――わたしたちみな――には
なすべきことがたくさんあります
でも大変なことではありません
それは楽しくなされるべきです
そうでないときに
英雄的な気分にならないでください
それが難しいからこそやっているのだという心境に
ならないでください

喜びが消えたら、その瞬間に行動をやめ
こう言ってください
「わたしは何を忘れたのだろう」

自分の中心に焦点をあわせれば
答えはまことに、こうなるでしょう
「そうだ、自分が神だということを忘れていたんだ」
そしてあなたは人間としての経験の中に
その発見をもちかえり
また踊れるようになるでしょう
霊であるわれわれも
あなたといっしょに踊るでしょう

そうすれば神の救済の計画を達成する仕事は
非常にすみやかに進みます
なぜなら神は愛であり
喜びは愛であり、楽しみは愛であり
真実は愛だからです。そしてすべては光です
わたしの言葉を信じようと信じまいと
いずれ、それがまことであることがわかります
それも近いうちに。

なぜならあなたがたはこの人生のあいだに成長し
年をとって、死んでゆくからです
あなたに対し、これよりも喜ばしい
励ましの言葉は考えつきません
なぜなら
もしあなたがこの幻想の中にとどまるなら
それが自分の望みなのだと考えている瞬間にさえ
あなたがどれほど不幸であるかは
口ではいえません

仕事が終わるまで
学ぶべきことを学ぶまで
あなたはとどまるでしょう
それからわれわれはみなふたたび
別の次元で
神のみ名において創造を始めるでしょう
神の祝福がありますように

9 旅

進化、輪廻、カルマ、永遠

あなたはいついかなる瞬間にも
心を開くことができます
カルマの構造は
それを進んでうけとろうと魂が望んだ瞬間に
完全に克服されるのです

✣

この世界ぜんたいは
多少ふらつきはあるにせよ
空間の中を整然と
回転しながら進んでゆく幻影です
あなたがたはよい生徒であるので
この幻影を受け入れ
ここへ来て学ぶことを受け入れました
あなたはこの幻影の中にとどまり
ここへきた目的が達成されるまでは

幻影を信じることを約束しました
目的達成ののちには
それを手放すことができます

わたしは何を言おうとしているのでしょうか
言いたいのは
あなたがたはみな契約書にサインしてから
ここへ生まれてきたということです
契約書には「わたしはこのゲームに加わって
すべてのルールに従いましょう」と書いてあります

それは必要なことです
物質的人間という教室にいてさえ
学ぶというのは難しいことです
あなたが
先生を先生と認めず
黒板は何かを書くためにあり
教えられることには価値があると
認めない場合には

ですから、わたしがここにきたのは
反抗を勧めるためではなく
あなたのしていることは価値あること
学んでいることは必要なことだと
保証するためです
でも、これらいっさいは
単につかのまの幻影にすぎません
あなたがたの大いなる部分はここ、
光の真理の世界に存在しています
いつかあなたがたはこの故郷にもどるでしょう
故郷にもどるのです
それを約束しましょう

――なぜわれわれは人間の姿になり
それを何度も何度もくりかえすのですか

あなたがたが
人間という制限された存在形態をとるのは
あなたがたの意識がものごとを
制限された形でうけとる必要があるということを
示しています
あなたがたが進歩すれば
ヴィジョンはひろがり
宇宙的な真理をより多く
うけいれられるようになるでしょう
それはあなたがたの内にすでにあって
まだ発見されていないだけです
輪廻の輪はめぐりめぐって
やがて努力と経験によって

あなたがたの抵抗は透明になり、すりへって
抵抗の中に穴がひらくようになります
あなたはもはやその布地の存在を信じません
そのときは制限と疑いに満ちた頭脳を
心に対して奉仕させるようになるでしょう

自分自身をさがし求めるすべての魂は
さまざまな形の混乱に陥りますが
それは光の道です
恐ろしい真っ暗な領域を
通りぬけるように見えるとしても

この旅の目的は
真理を見出し
真理へともどること
より賢くなり、準備を整えて
真理につかえ、最後には真理となるために

輪廻そのものは
魂のもつ願望の宣言です
ふたたび光と
ひとつになりたいという願望の。

✣

あなたがたの気づきが深まれば
原因から結果が出るまでの時間は短くなり
ついにはバランスをとるプロセスは
一瞬に起こるようになるでしょう
そのときはもう
原因や結果というものはありません
ただ真理があるばかりです

——われわれの輪廻転生は
どんなふうに定められるのですか

魂がふたたび人間に生まれることを考えるほど
充分な気づきをもったとき
多くの輪廻の輪が設定されます

転生の前には、その魂の必要性と願望の
あらゆる面が深く考慮されます
だれが考慮するのでしょうか
それは魂自身と
そのとき人間の殻におさまっていない師匠たち
仲間たち、愛するものたちです

人間としての生の目的は学び、成長することなので
魂のあらゆる部分の設計は
大いなる創造性をもって
人間の生まれるときに実体化します
時間という要素、文化環境、性別、人種、家族、
能力——肉体的、精神的、そして感情的能力——

が決められます
ピザを注文するときのようにではなく
魂の設計図をひくときのようにです

——輪廻転生は直線的時間に
　そって起こるのですか

あなたがたのいるところでは、そうです
わたしのいるところでは違います

意識は自分自身を創造せずにはおれません
あなたはあなたの本質がそうであるゆえに
ひろがり、創造してゆくのです
あなたがだれであるかということは
生まれる前であれ、肉体的にであれ
あるいは死後の世界においてであれ
いつでも、あなたが創造しています

それぞれの生のワークショップは
学ぶために
最適な環境を作り出すべく
設計されています
幼児期のすべての環境は
その肉体そのものも含めて
教育の道具です

輪廻転生のパターンに誤りはありません
なんの罪もない人に不幸がふりかかるように
見えるときには、それは
恐ろしいものに見えるかもしれませんし
それは実際恐ろしいものでしょう
(人間というあなたの発達段階においては)
けれどもここには
誤りというようなものはありません

計画は完璧です
設計は緻密なものです
そしてすべてのリアリティの本質は
愛です

――われわれはなぜ過去世の記憶が
まったくないのですか

もっています
それを過去世とは考えないだけです
心の奥深くでは
前にここにいたと気づいていない人は
ひとりもいません

あなたがたはすでにすべてを体験しています
それを思い出すためにだけここにいるのです

――魂は地上の人間に生まれる以外に
転生のみちを選択できるのですか

物質的な地上次元が必要と
されているかぎり
魂はそこにおりてくるでしょう
でも、それは小学校の教室ではありません
地球にたどりつく前に
あなたは別の教室をこなしてきました

魂が、輪廻転生こそ
もっとも有効な方法だと理解すると
地上は選択の次元となります
人間世界の二元性の中にあってもあなたは
そこが選択のために設計された場所だと
わかるでしょう
魂はこの世界にやってくるために

選択の能力がなくてはならず
輪廻転生のサイクルを終えた魂は
究極の選択がなされた地点に
たどりついたことになります

✣

急ぐ必要はありません
あなたは永遠です
この生で何かを忘れたとしても
時間はたっぷりあるのです

あなたがもはやこの肉体に
とどまりたくないと感じたら
そのことについてよく吟味してください
嫌悪や不安なしに
愛をもって故郷に帰るべきだからです

少しでも不満足な部分があるとしたら
それは未来に先送りされてしまいます
最後の転生はきれいで落ち着いたものになります
すべての紐が結ばれます
すべての隅のゴミが掃き出されます
すべてのものがたたまれ、片付けられます

――人間の肉体を得ることは意識にとって
どのくらい難しいのですか

最初、魂がこの新しい次元にとびこむときには
まったく偶然的なこともあります
でも転生に転生を重ねて
人間の経験の全領域を進んでゆくと
選択はもっと厳密なものになります
最終の転生の場合は
ひとはより注意深くあらねばならないので

生まれるまでにしばらく待つことになりますが
それでも何世紀も待つというほどではありません

――われわれが、道からさまよい出ると
より低い意識の体にもどるのですか

そのようなことは
魂の目的にはまったくかなっていません

――いったいなぜ、六百万もの魂が
ホロコーストを経験するために
生まれてくることを決めたのですか

魂を転生へと
送り出す扉は
多くの目的を満たすことができます
自分のみならず
他人を教化することができるのです
ある生が
両方の目的を満たすように設計されると
大義と使命は
大いなるものとなります
そのようなときには、より高い叡知が
「いまこそこれが必要だ」ということがあります

他人のために自分を犠牲にし
しかもそれが個人的に成長する
すばらしい機会となることがあります
もちろん、道は選択するものです
だれも偶然その道にはまりこみはしません
どの魂も生まれる前に
自分に何が必要か
またある種の環境で、他人の成長に寄与することで
自分もどれだけ成長する能力があるか

そうしたことを自覚しています

――圧倒的な恐怖、
　理解の余地もないような恐怖からも
　魂は学ぶことができるのでしょうか

できます
人間には無理でも、魂にはできます

――魂の輪廻転生は
　みないっせいに始まったのですか
　それとも、各人別々に始まったのですか

各人別々に
始まりました
永遠で、かぎりなく拡大してゆく
神の〝一体性〟においては

すべてのものが一度に爆発するように
輪廻転生に突入することはできません
それぞれの魂が、それぞれの求めるみちにおいて
それぞれの予定表をもっています
それぞれの意識は拡大し、探求し
分割し、成長しますが
一瞬一瞬に
いつ、もとの場所へもどりたいかを知っています

――少しごちゃごちゃしてきこえますが
それをごちゃごちゃしたものに感じるのは
あなたがそれを
空間的な意味で感じているからです
永遠の中には
大きなゆとりがあります

——魂の数は有限ですか

ちがいます

——新しい魂はどこからくるのですか

意識がみずからを表現するとき
みずからを分割し、さらにそれを分割します
分割がある点に達し
それ以上成長が見出せないと思うと
あるいは分割では
これ以上意識をひろげられないと思うと
それは統合を始めます
最終的には
たったひとつの魂だけになるでしょう

——どのあたりまで人間が進歩すれば
魂はこの惑星に
もどらなくてもよくなるのでしょうか

最終的に
完全に、充分に
あなたみずからの神性を
理解し、体験したときです

——われわれはこの人間世界と並行する世界で
同時に別の生をも生きているのでしょうか

もちろんです。多くの生を。

——その「多くの」生は時間、空間、
振動、波長を超えているのでしょうか

境界を超えているのです

――いままで経験したすべての転生は
いま同時に存在するのでしょうか

魂の意識の中心にとっては
そのとおりです
あなたは光の存在で
光の中心からみれば
すべてのものは今あります
けれど、光が
物質世界に入ると
その世界にとっては
時間の流れというものがあるように見えます

――カルマの意味はなんですか

わたしがカルマというとき
それは変容すべき物質をさしているにすぎません

カルマとは
帳尻をあわせてバランスをとることではありません
どの人間にも
神の意志に抵抗している小さな部分があります
さもなければ人間が経験を積む必要は
まったくないでしょう
カルマとは学びのやりかたなのです

カルマとは
あなたがたが
まだ真実になっていない部分を見つけるため
この生で選んだ居住環境のセットです
あなたがたは
自分の生におけるすべてのものの創造者です
あなたがたが呼び寄せないことは
ひとつも起きません
賢明でめざめた魂の内なる望みは

内部で真実と思われることを
外にあらわし
触れることのできる形に作り出すことです
そうして、その信念を経験したいのです
その経験を通じて
変容が起きます

――もしわれわれが過ちをおかしたり
冷酷なことをしてしまったら？
それに対する償《つぐな》いをしなければならないのですか

あなたがたがここにいるのは、償いをするためでも
償ってもらうためでもなく、成長するためです
成長しようという意志があれば
カルマの絆はほどけます
神の意識という経済学においては
負債はもはや存在しなくなったのです

あなたがたは庭に種をまき
長いことたってそれが花ひらきます
種がまかれたとき
その種子は存在を気づいてもらうために
花開く必要があるという場合があります
ですから、意識して、深い気づきをもってすれば
それらの種子を移植することも、育てることも
また取り去ることもできます
現在の身のまわりの世界に
望ましくない作物がみのっていたら
それは過去の判断の誤りが
光の中に見えるようになったのだと喜んでください
おかげでより賢明な選択ができるのだと。
あなたがたは
カルマの構造に縛られていますが

それでも
内なる叡知の中に深く深く入ってゆけば
カルマの構造の拘束力は薄れてゆきます
すみやかに変化します

カルマのワークショップは
広大なもののように見えますが
どんな魂も自分が達成できる以上の仕事を
みずからに与えることはないのです

✣

カルマの使命は
自己を許すことと自己に気づくことです

あなたがたが過ちをおかしたり
道を外れたりするのは
意志的に善を否定するからではなく
ただ恐怖、無知から起きることです
そして安全などないところに
安全を探し求めるときに起きます
あなたがたは混乱し
神との意識的なつながりから離れます

人間としての経験の迷宮を通じて
そこをもどる道を見出してください
そうすれば扉が開いていて
光がそこにあるのがわかるでしょう

ひとが互いを傷つけあうような
神を否定するような行為を進んでするとき
魂はそれに気づいています
どのような方法であれ、いずれ
その行為の意味を理解します

数度の人生が必要かもしれません
一瞬かもしれません

この世界を超越するほど
カルマのリアリティを充分に体験したのちも
自分が急激には変化できないことを知って
あなたは落胆するかもしれません
でもあなたは依然として、すてきなあなた自身です
わたしとしては
それをすばらしい、快いことと思っています

あなたが傷つけ、軽蔑し
疑問をなげかけ、疑い、判断をくだし
やましく感じている自分というものは
あなたとともに故郷からきた
その当の自己なのです

——ヒトラーやスターリンのような魂には
何が起きますか

あなたが「ヒトラーやスターリンのような魂」
と言うとき
わたしは申し上げますが
あなたがたは彼らの魂を知りません
あなたはヒトラーやスターリンのような
人間のことを言うのかもしれませんが
彼らの全体としての〝聖なる存在〟は
それではありません
人間の意識の中には
報いや正義を求める要求があります
人間の心が理解できないことは
数多くあります
あなたがたは
大きな苦しみを作り出したように見える人物を

無理やり許したり、愛したりはできません
あなたがたの観点からは
彼らのしたことは許しがたいことです

魂において
大きな成長をする必要があります
このふたりのみならず、だれでも
残忍で、ひとを迫害し、殺戮し、利己的で
野心にもえ、冷酷な人間は。
それは程度の問題です
あなたがたそれぞれの中にも、その一部はあります
それが他人より少ないひともあるでしょうが
憎しみのあるところ、人種差別のあるところ
「わたしはあなたがたとはちがっており
より優れている」という声のするところには
その小さな部分があるのです
そうした声のきこえるところでは

あなたがたは
外の世界ではヒトラーとして感じたものに
向きあっています

覚えておいてください。ここは教室であり
中には、耳に入れて理解してもらうため
大空に
書き記さなければならないような
教訓もあるのです

――すべての意識はより静的で単純な物質から
より流動的で複雑なものへと
進化していくのですか

離れていくみちを選んだものは
もどってくるみちをも選択しています
そこには意識の多くのレベルの体験が

含まれています
意識がみずからをあらわすとき
それは物質的には
あなたがたの地上の
多くの異なった気づきのレベルといったものを
形成します
しかし、それはつねに
〝一なるもの〟への回帰の旅なのです

意識の小さな一部がみずからを
岩や、草の葉として創造することが
いちばん快いと感じても
それは、その意識が
その形に限定されているということではありません
それはただ
その意識の特定の一部が
表面上、動的でない物質的現実と

つかのま関係をもつ体験をすることによって
自分の必要性を
もっともよく満たせるということにすぎません
同じように、意識はみずからを
人間存在をふくむ多くの他のレベルで
創造することもあります

大地や鳥の歌や花の美しさを
あなたが尊重するようになり
それらとの一体感を感じるならば
あなたのしていることは
凍りついた意識の一部を解き放ち
あなたの本質である愛の光に
ふたたび合体するということです

地上のすべてのものとの一体感を感じるのは
さまざまな経験を通じて進化していった諸部分を
あなたが自分の中に
よびもどしているという
よいしるしです
それを続けてゆくと、地上のすべてが
あなたの存在とひとつであるとわかってきます
文字どおり、そうなのです

――動物も進化していますか
彼らが人間になることはありますか

もちろんです
意識はなんであれ、自分自身のありかたから
ものを作り出すのです
意識が広がると
それは成長して、現在の理解範囲を越えて
より大いなる叡知に入っていきます
進化に終わりはありません
あなたがたみずからも
はるかにかがやかしく
はるかにうつくしく
はるかに知恵ある存在へと進化します

――人生のカリキュラムの日程より早く
卒業することはできますか

飛びこしてよいステップはありません
プロセスは有機的なものですから
それはできません
恐怖と疑いと
信頼の欠如とがひそむ穴があって
それらが

またいっせいに飛びだしてくるかもしれません
あなたはそれを望まないでしょう

あなたがたは道を見出し
最後までそれをたどります
とまれ、そこはそんな恐ろしい場所ではありません
あなたがたは美しいものと醜いもの
愛と憎悪、光と闇を見にきたのではないのですか
それから逃げないでください
あなたがたの仕事はそれを変えることであって
避けることではないのです

――ねえエマヌエル、何時ですか?

「いま」です

――われわれが永遠であるのなら
時間はどんな意味をもっていますか

あなたがたは時間について話し
わたしは永遠について話しています
でも両方とも同じことを
意識のちがった観点から話しているにすぎません
時間とは教育の装置です
時間は物質的現実にとっては
必要な構成要素です
なぜならそれは構造を感じさせ
あなたがたはそれによって
教室で起きることに焦点をあわせ
関わることができます
必要な部分に注意を集中させるために
しつらえられたものはすべて
学習の装置と呼んでいいでしょう

あなたがたが卒業したときには
もはや時間は必要ではありませんが
それまでは必要なのです

みずからを物質的な肉体から
解き放ってください
そうすればあなたがたは時間の外に出て
それでいて
存在しつづけていることに気づくでしょう

あなたがたがいまいるところでは
直線的な時間が、あなたがたの環境の一部です
あなたがたの世界で設定されているような
時間感覚の外に出ると
時間は直線的ではなくなり
ただ、在るようになります
それは万物の存在とひとつになります

そうなったら、あなたは時間がないとは言わず
時間というものを
前進する、後退するといった概念の桎梏《しっこく》から
また永遠に存在すること以外の
いかなる現実からも解き放つでしょう

10 病気とヒーリング

いつも外的に活動しているあなたの魂に
病気がいやおうなくもたらす
静かな時間、みずからをかえりみる時間には
多くの収穫があります

そうした時間は
物質存在の土くれの中に
霊《スピリット》をふきこんで
土くれを黄金に変える錬金術のために使われます

✣

病気は魂からのメッセージであり
教えです
レッスンを学びおえると
病気は
存在しないものになります

病気とは、魂の混乱が
物理的に外にあらわれ
意識にとってはっきりわかるようになったものです

病気のすべての部分があなたです
あなたの体にきいてください
体はなんと言っていますか
体のその部分になってみてください
抵抗している
その部分の声がきけたら
成熟した心はこう言うでしょう
「ほかのやりかたを探そう」
その点で、あなたがたは文字どおり
自分の中の異常なエネルギーを
それが精神的なものであれ
肉体的、感情的なものであれ
抱擁し、ただそれを受け入れることで
そのエネルギーを抜くことをはじめます
変容が始まります

苦痛は
あなたが学ぶ用意のできたときに
あなたに話しかけます
感情的な苦痛は何かを告げているのです
肉体的な苦痛はまた別のことを告げます
体のその場所はひじょうに雄弁です
人生の中のどんなことも偶然には起きません
苦しんでいる時にこれをきくのは
つらいことだとわかっていますが
真理は真理です
あなたがたは
まっとうで整合性のある宇宙に生きています
それを肝に銘じてください

✣

病気はまず最初は
霊的必要性から
また感情の混乱から
あるいは心の不自然から
非物理的次元に存在しはじめます
最初から物理的なものであることはありません
肉体は反応器です
肉体はストレスに対して振動します
肉体は内的な混乱の
外的なあらわれです

肉体がトラウマの大洪水にうちひしがれ
ぎゅっと収縮すると
体のある部分に対して
エネルギーがいかなくなります
このようにして
物理的なあらわれの場がセットされ
それはあなたがたの現実では
体の不調としてあらわれます

病気は
表面的な症状によって分類されますが
原因はまったく違っています
同じ病気が
ふたつのまったくちがった理由で
ふたりのちがったひとに
あらわれるかもしれません
それはおのおのの肉体が
統合されていない部分を
外にあらわしてみせるやりかたです

――病気の中にはカルマによるものもありますか

カルマとストレスは同じものです
この生で、あなたがたが
魂の設計図に従って
自分自身を葛藤の領域にもたらすやりかたです
それはカルマとも言えますが
カルマとは
物事をはっきりさせるよりは
むしろ多くの幻想を生む言葉です

ヒーリングは瞬時に起きます
何が病気を引き起こしたか
その真実が理解できたときには。
ですから、病気とは例外なく
意識が認めたがらなかったものを
身体化するものです

生の力、魂の意識が
肉体を流れているので
その生の力に抵抗している部位は
魂の必要性に応じて
人生のある時点で不調を起こします

どのような否定でもいつかは肉体にあらわれます
それは
ひとが肉体をもっている理由のひとつです
このようにしてひとは
精神レベルででも感情レベルででも
自分が見たくないものと向きあいます

病んでいる肉体はあなたの敵ではなく
忠実な友達なのです
それは魂によってプログラムされ
正確な時に正確な方法で

反応するようになっています
肉体の声に耳を傾けてください

――エイズは神の送った疫病ですか

おお、親愛なるひとたちよ
神がそのような病いを送りたもうとは
なんという恐ろしい考えでしょう
自分たちを棚にあげ
責任を神に押しつけるのだとしたら
どうしてこの苦しみを癒すことができるでしょう
まったくちがいます
自分の生の中にある自動的機構に気づいたものには
神が原因でないことはよくわかるでしょう

慈愛あふれる神は
個人に対してであれ
グループや社会に対してであれ
だれに対してでも
病気を送ることなどありません
たとえ鼻風邪のようなものでさえも

自分が罰せられるにふさわしい人間だと
信じているなら
人生において何が欠けていたのか
心にきいてみる必要があります
なにか罪悪感がありますか
神に罰せられるにふさわしい人間だという考えに
自分を同一化したところに
問題はまさにあるのです
問題は病気そのものではありません

――われわれの中には健康なものもいれば
体が不自由あるいは病気のものもいるのは
なぜですか

健康であるからといって
うしろめたく思うことはありません
すべてのことには理由があります
あなたがたは過去において
不完全な、否定された肉体に
固有な運命があるのを学びました
あなたは神の宇宙においても
すべてのものが
平等に分配されていないと恐れるのですか
幾人かは遺伝的な要因を選びます
あたかも南に面していて後ろに湖のある家を
選んで買うように

彼らは放出バルブのように
ある特定の病気に対して開かれているような肉体を
選びます
人生の中でのいくつかの要素がつもりつもって
ある時点で
これ以上さきへ進むことを拒むようになったとき
肉体がそんなふうに反応するように
設計されています

――狂気の人々はその狂気を意識的に
コントロールしているのですか

いいえ
霊的には狂気に対してコントロールをもっています
でも、ひとが自分の狂気を
コントロールして起こしていると言うことは
残酷な宣言をすることになります

こう信じている一派があります
それは真実なのですが
狂気とは、ひとえに人間が
対処していけないような状況やトラウマに
出会ったときにくだす賢明な決定なのだと。
まことに、狂気とはヒーリングなのです

問題の核心である魂は
そのことに気づいていますが
魂はこの人間の生において
ひたすら成長することに専心しています
しかも自分自身のためのみならず
ほかの人間の学びの経験に貢献するために
そうすることもしばしばあります

✣

もし「癌」という言葉を洗濯し
それを陽にあててかわかし
白くさらしてきれいにすることができれば
癌はずっと減り、それで死ぬ人間も減るでしょう
魂はほかの方法を選ぶでしょうから

癌の問題は、怖れの問題です——
癌は怖れというメッセージをもってきます——
怖れはあなたがたの世界にはびこっている問題です
ですからこの病気は、怖れとして
きちんととりあつかわねばなりません

癌が治ったら
ほかの病気が出てくるでしょう
人々は怖れを克服しなければなりません
なぜならそれは神のリアリティに対する
最大の否定のひとつだからです

――癒せない病気はないとききました
　それを信じるとすれば、健康をとりもどすには
　どうしたらよいでしょう

ここには意志の問題があります
だれかが
「癒せないものはない」と言ったとき
そこには「わたしの条件では」と
強調がつきます

すべての病気にほんとうに治癒があるのでしょうか
わたしはイエスと言います
あなたが充分、賢明であって
死もまた治癒だとみなすことができるなら
肉体は無限の知恵をもっていて
バランスをとるには何が必要かを知っています

あなたがたは自分の症状を診断し
自分の医師にもなれます
よく、肉体に耳を傾けさえすれば

言っておきます
魂が肉体を離れる準備ができているときには
あなたは強健な運動選手のように
歩きまわっていても
心臓がとまるということがあります
魂が離れる準備のできていないときには
肉体はみずからを癒すでしょう

人間の自由な意識の
力を認めなければなりません
――それは意志ではなく
自由に解き放たれている意識です――
それはみずからの肉体を再建し

癒す力があるのです

❖

あなたがたの中には
人生においてヒーラーになる人がいますが
覚えておいてほしいのは
癒されるのを望まない魂もあるということです

「あなたは必ず癒されます」
ヒーリングのときにはよく
そう言われます
でも、ほんとうは無理に癒されてはならないのです
癒されたいと彼らが望んだときだけです
あなたはそれに対してとやかくは言えません
自分の意志を押しつけないでください

ただ愛を与えてください
魂は愛をうけとり
一番よい使い方のできるところに使うでしょう

――ひとは手をあてることによって
　他人を癒せますか

ふたり以上のひとが
真理と光の名において集まったとき
その結びつきを通じて愛の力が入ってきて
病んでいる人の
肉体とエネルギーのシステムを化学的に変えます
ふたりだけで充分です
愛と開かれた心と信頼をもって
すばらしい状況を作り出すには――
そのふたりと、あと〝聖なる霊〟です

——遠隔治療は？

だれかにヒーリングを送りたいなら
それは祈りであるべきです
彼らが病気を受け入れ
その中にふくまれている知恵に
耳を傾けるように

進化した形の
究極の癒しは
あと二千年ほどは
人間世界には入ってこないかもしれませんが
その中には、苦しむ体を純粋な水で
手当する方法も含まれます
この治療法の効果があがるかどうかは
信頼にかかっています

死 11

死とはきつい靴を脱ぎ捨てるようなものです

死んだときでさえも
あなたはまだ生きています
あなたは死によって
存在しなくなることはありません
消えると思うのは幻想です
生きながら死の戸口を通りぬけていき
意識の変化はありません
あなたの行くのは見知らぬ世界ではなく
成長のプロセスの続いている
いきいきとしたリアルな世界です

✣

生と死を
対極にあるものとみなしてはなりません

死は出口であるというよりも
入口であるといったほうが
真実に近いでしょう

死の戸口を通りぬければ
驚くほどの活力がもどってきます
あなたがたは
うすめられた生といえるものから
もの自体の世界
おおもとのリアリティの活力の中に
入ってゆくからです

もし死を
ゆたかでさわやかな
美しい澄みきった湖とながめれば
意識は
肉体の出口のほうへゆくとき
いそいそと喜ばしく飛びこんで
ただ泳ぎ去るだけなのです

✣

死ぬことは自己調整です
それは聖なる起源をもつものです
それはどこからどこまでも安全なものです
死の怖れは
手放すことへの怖れです
生の中でそうであったように
死においてもそうなのです
いったん怖れが克服されれば
死のプロセスはつねに
喜ばしいものです
怖れがとりのけられれば
死はもっともわくわくする冒険となります

宇宙にはなにも恐れるべきものはありません
何も

深い瞑想のときと同じように
魂が肉体を離れるとき
光と
安全と
平安と
全体としての自分も
また個人としての自分も
ずっとここにいたのだという自覚が生まれます
存在しなくなるのではなく
より生の密度の濃い
別のレベルにゆくのです

✣

肉体の人生の
最後の完結の行為に際して
決定をくだす時にも
生き生きと力にあふれていることが大切です
それは荷造りをして
長く待ち望んだ旅行に出発するように
わくわくする出来事なのです

✣

死とはただ通りぬける戸口であり
解放のときです
死も生と変わりません
いったん〝自己〞という感じに満たされれば
自分が死の彼方でも存在することがわかります
解放の最初の喜びのひとつは
〝自己〞のイメージを再構成して

一瞬たりとも〝自己〟を失うことなしに
万物の〝一体性〟にとけこませることです
わたし自身は
死後の経験が産み出したものなのです

✣

なぜひとは
仕事が終わって
光に近づいていても
物質的現実にとどまりたがるのでしょうか
考えてみなさい
われわれが人間であったとき
怖れを覚えていたときでさえも
それはわれわれにとってはしばしば謎でした
出口の扉のところで
大いなる喜びと光が待っているのに

崩れゆくむなしい形態に
しがみつく執念を
理解するのは難しいことです

われわれはつねにここにいて
出口を出てくるものを歓迎します
ですから腕をひろげて
肉体を抜け出て
われわれの抱擁の中に飛びこんでください

✣

おおもとの世界に入っていった魂は
必ず適切な介助を受けます
もしあまりに急に世を去ったために
いまの状態が理解できない場合
人間のような姿の存在に

出会う必要があります
そのときにじかに霊《スピリット》の姿を見ても
あまり居心地がよくないでしょうから

われわれの中には自発的に
いわば登録していて
肉体から離れた魂に
中心を与え
この新しいありかたに
慣れさせる手助けをするものがいます

魂がその霊の導きを受けたあと
ガイドたちがあらわれます
何が見えるかは、その人の信念体系によります
光かがやくブッダであるかもしれず
光かがやくキリストであるかもしれず
あるいは別の聖なる姿かもしれませんが

それは必ず光です
魂は、そのものに導かれて
行く必要のあるところへ、つまり
存在のもっとも深いレベルで
行きたがっているところへ行きます

——わたしは自分をめざめた意識存在だと
思っていました。自分が死ぬかもしれない
と思うと、なぜこんなに怖いのでしょうか

親愛な友よ、それは
あなたもまた人間であって
あなたが死ぬとき
死ぬべきであるあなたの一部が
それを望んでいないからです
その一部はこう言います
「わたしは個性だ。わたしは

この物質世界にいる人間だ
わたしがこんなに
あくせく防御しようとしている自己は
永続するに値するものだ。わたしは
未知の世界へのステップを踏みだしたくない
なぜなら、未知のものは、わたしには怖いからだ」

それはかまわないのです
それはあなたのより大いなる部分が
悟っていないということではありません
悟っています。けれどその光を
そもそも光を容れられない部分にまで
無理強いしないでください
その部分は人間的なままにしておいてください
心を安んじてください
あなたのより高い叡知はつねに
その恐怖を腕にだきとり

子守歌をうたって、ゆすぶり
祝福に満ちた死の状態にまで寝かしつけるための
用意ができています

なんという手きびしい発言でしょうか
「わたしは悟ったと思っていたのに
いま、わたしは怖くてならない」というのは。
あなたにはわかりませんか
この二元性の世界では
それはまったく自然なことだというのが

——われわれの肉体の寿命をのばすことは
可能でしょうか
死が克服されることはあるでしょうか

いったいぜんたいなんのために
そうしたいのですか

率直に言ってわたしには
永遠に教室に閉じ込められているということほど
不快なことはないという気がします
その唯一の目的は恐怖をやわらげることでしょう
生の目的は、恐怖を通りぬけて成長し
そのもろい本質を明らかにすることなのに

寿命はひとりでにのびます
あなたの魂がここにきた目的を
まだ終えていなければ。
あなたはここにとどまるためにではなく
ただ訪問しにきたのです
それは呪いではなく
神からの贈物です

――死ぬときは、どんな気持ちがするのでしょう

死とは
たくさんの人がしゃべったり
煙草を吸ったりしている
こみあった部屋にいたのが
突然、さわやかな空気と陽光の中へ出られる
出口の扉が見えてきたようなものです
ほんとうにそうなのです

物質は密度がうすくなります
意識の制限は弱まります
色彩はよりあざやかになります
音はもっと快くなります
すべての感覚は
肉体の重苦しいマントをぬぎすてて
歌いながら天駆けるでしょう

自分にエネルギーをとりもどし
肉体の中に住んでいた意識を
とりもどすなら
神のなされるようなことをなすことになります
ひとは細胞に向かってこう言います
「おまえはもう
わたしのいまいましい分子構造の中に
いなくてもよい
だからきて、わたしとともに
わたしのより大いなる〝自己〟の中に住もう
万物の利益のために
また人間の形態の中に
住まねばならなくなるまでは」

✣

――死の直後にはどんなことを体験しますか

肉体の中に生きるときと同じように
そこを離れる方法も
千差万別です
意識が肉体を離れる瞬間に
そのひとの創造性が停止するなどと
どうして考えるのでしょう

光や愛や、愛するものの手に
ふれようと手をのばし
そのように望み求めるならば
求めたとおりの感覚が得られるのです
すべてがむなしく失われると信じているならば
不幸なことですが、そのとおりのことを
わずかのあいだ経験します
自分の作り出したものの中に

あまり長くとどまることは許されていません
肉体を離れることでじゅうぶんです

〝自己〟が肉体から
解放された瞬間
そこには光と平安と
自由と故郷があるのです

✣

あなたがたの世界の意識である円環を
ふれることのできる形で見せてあげられるとしたら
また世界を包むあの光を
見せてあげられたら
あなたがたは
二度と疑問をいだいたりはしないでしょう
人間の限界である円環をのがれる瞬間

経験するはずの
慰めと安堵について

あなたがたはしずかにすわって
休み
永遠の〝自己〟が存続することの
恩恵に浴しています
準備のできているものは
すぐに師匠たちに出会い
愛していたものと喜ばしい再会をとげます
そうです、人間と同じです
あなたがたが自分のまわりに形成していたものは
あなたの意識に近いものです
意識はみずからを創造すべきものだからです
あなたが自分のありかたの中に自分を見出すように
あなたは肉体をもたない自分をも
自分だとわかるでしょう

しばらくヒーリングの時があって
深い眠りに陥るものも多くあります
彼らは自分をとりまく安全と愛とを感じると
おだやかに目をさまします
また喜んですぐ
新しいありかたに入っていくものもあります
嬉しいことですが、多くの人たちは
この移行を即座に楽しいものと感じます

肉体の死ののちに、たいていのひとにとっては
人生での怖れと混乱と
抵抗を
永遠という観点から
理解するための時間が
必要となります

無事にさわやかな大気に

つまりあなたが永遠に属している
おおもとの世界に
入ることができれば
あなたがたはいずれ
長い休暇のあとで
好奇心をとりもどし
のびをするような気持ちになります
突然、いまこそ
立ち上がって動き出すときだとわかります
たいていはそうなのですが
人生での興味が新しくよみがえります
未完の仕事をのこしてきたわけですから。
ですから、子宮にもどってゆくのですが
それもよく熟考したのちのことです

――完全に光のほうへ向かうという準備が
　できている場合、死の瞬間は
　　どんなふうでしょうか

その瞬間は不意打ちのようにはやってきません
人間であるうちに、そのひとは
その曲がり角が来るのを気づいています
人の世の地上のあらゆるものに
愛をもってふれようと思い
愛しているゆえにこそ、それらを解き放ちます
解放すれば
何ものも失うことはないとわかっているからです
起こるのは、意識がより深い〝一体感〟へ
とけこんでゆくことのみです

光が感じられる前に
光の存在がわかります

曲がり角にきたら
深い信頼をもって
すみずみまで明晰な意識をもって
手放すときがきたら
ひとは物質的なものを離れ
まっすぐ〝光〟へと向かいます
肉体を離れるのに先だって
すでに半ばふりむいているのです

――その瞬間には〝一体感〟と完全な個性が
　同時にあらわれるのでしょうか

そうです。その瞬間以後も永遠に。

❖

もし、生きているあいだに、心の中に
人間の不完全さにかんがみて
みずからを許すという知恵を見出すなら
死は瞬時に訪れ
すばらしく快いものである可能性は
大いにあります

すべてがバランスがとれていて
魂の望みにかなっているなら
眠っているうちに平和に世を去ることもあります
覚えておいてください。わたしは
「完全に進化したら」と言ったのではありません
なぜなら
どの生涯にもそれなりの可能性と限界があり
それが十全に発揮されたら
そのひとは平和に逝くことができます
でもこういう意見もあります

「彼らはやすらかに、眠りながら死んだが
彼らは進化していない
これこれをしなかった、あれもしていない」
魂の今生での仕事がなんであるか
あなたにはまったくわかりません
もしその仕事が完結していれば
生はそのように終わっていきます

現代では
多くの人が重い長患いをして死んでゆきます
でもそれは
彼らが魂の決めたことを
達成していないということではありません
それはただ
彼らが世を去るときに
そのようにしている、というだけなのです

死の瞬間まで生き生きとしているためには
人生で可能性のぎりぎりまで成長することです

✣

魂は
その時点でもっとも価値のあるプロセスを選びます
他人を成長させることかもしれませんし
肉体にさらにとどまって
意識を進化させることかもしれません
魂はあわただしく世を去ろうと
決意するかもしれません
突然の死の瞬間まで
つきまとっていた
不要な怖れをあらためて吟味しながら
物質的生の彼方で成長するために。

死とは賛美すべきものではありません
それはただ
何世紀ものあいだ、あなたがたがやってきた
プロセスの一部なのです
あなたがたは奈落のふちに立っているのではなく
ただ永遠の存在へと
一歩を踏み出すだけです
魂は準備ができたときに
肉体を離れる方法を必要とします
親愛なるひとたちよ、なぜそんなに恐れるのです
死とは回転扉にすぎません

――わたしの兄は自殺しました
自殺について知りたいのですが

お兄さんは生命をもって、故郷へ帰りました
自殺がよくないことだとは言われていますが

だいじょうぶです
ひとが学校をやめるのを選んだときは
またもどってきて
そのとき学べなかったことを学ぶ必要があります
永遠の中からわたしは言います
ひとが何回生まれかわってよいかについては
制限はありません

お兄さんは
多くの価値あることを学んでいるところです
彼は故郷にいるのです。元気です
勉強し、予定をたてています
次の機会にはもっとうまく
意欲と必要性を折れあわせていこうと

あなたが注意を向けねばならないのは
あなた自身に対してです

お兄さんが自殺したということは
あなたにとってどんな意味がありますか
あなたは内なる神の声をきかねばなりません
神はすべてがうまくいっていること
兄さんが永遠の存在であることを知っています
兄さんからあなたへのメッセージがあります
だれもひとりで行動することはありません
だれも真空状態で行動するのではないのです
だれでも自殺するときには
ほかのひとに成長という遺産をのこしていきます

神には罰はありません
永遠の愛と理解があるばかりです
自殺は単におろかな行為であるというだけです
実りを自分で刈り取ってしまうのです
それだけです

あなたの祈りと祝福は
大いに感謝されるでしょう
けれどそれにもまして
自殺行為が不毛なものであることを
やさしく微笑をもって理解してあげることが
より望ましいのです

――ひじょうに若くして死ぬひとがいるのは
なぜですか

彼らは仕事を終えたのです
それ以外の理由はありません
若くして、ですって？
あなたがたは永遠です
時空の連続から逃れたら
「若い」魂は
とても年をへた魂になります

――事故死について

不慮の事故というものはありません
魂が肉体を離れると決めたら
それは離れていきます
人生とは
そこに入っていくものが孤独な演技者で
台本も、監督もなく
ただころげまわったり
空中ブランコをしていて
落っこちるような
そんな素人サーカスのテントではありません
そう、それはまちがっています
魂としてのあなたがたは、自己を決定しています
いつ生まれるかを決めています
毎日毎分、自分の人生を

自分の信念にしたがって
決めています
すべては愛の全的な真実と
バランス、秩序、原因と結果をめぐって
進化してゆきます
これが神の法則です

――死後、魂にレベルの差はあるのですか

あなたがたの人間の次元には
気づきのレベルの差はないのですか
あるとしたら
霊《スピリット》の次元においても
さまざまなレベルがあります
われわれは
意識の価値を言っているのではありません
気づきの梯子《はしご》をのぼってゆくとき

あなたは
現実はこうだと思う自分の設計図に従っています
あなたがたの次元においても
わたしの次元においてもそうです
それはひとつのリアリティです
わたしとあなたをへだてている
いまこの時点での唯一の違いは
あなたの五感がいま記録しつつあることを
あなたが信じているということです
あなたは五感の力を受け入れ
その制限を自分に課しています
あなたがその信念を超えて、身をのばすとき
あなたは自由、あなたは故郷にいるのです

――愛するものを失うことに対し、どのように
心の準備をしたらよいでしょう

答えはふたつです
愛するものは決して失われることはなく
失うことはできません
それを自分なりの方法で体験するでしょう
もちろん肉体をそなえたそのひとを
なつかしくは思うでしょうが
それを越えて成長するみちを学べば
悲しむことはちっともありません
人間の肉体の中にいても
いったん次のことを信じるのを自分に許せば
――「許せば」という言葉に注意してください――
次のこととは、あなたは肉体次元を超えて存在する
ということです
それが信じられたら
この世を去ったひとたちの手に
ふれることもできます
その感触はリアルなものです
以前に肉体でふれたときよりも
もっと生々しく感じられます

肉体が
殻やおおいのようなものだということに
気づいていますか
それは悟りをあらわすというより
おおいかくしています
もしあなたに幻想の必要がなくなれば
あなたは肉体をもつ必要がまったくなくなります

✣

――愛するものが死んだとき、残されたものは
その死にひきつづいて、何をなすべきか
教えてくださいませんか

それはすばらしい問いですね
まず、故人を進化の次のステップへと
喜んで送りだしてください
それはあなたにとってのみならず
死者にとっても大いに役立ちます
「さようなら」「よい航海を」「ご無事で」
と言ってください
それから残されたひとたちは互いを見つめあい
なぐさめを与えあい、抱き合い
あとクリネックスが必要ですね
それから、贅沢な場所へ行って
立派なご馳走を食べてください
仕事を終えた魂に別れを告げ
再会のときのために乾杯し
自分の人生の仕事にもどっていってください

✣

死とは哀悼の時期であるばかりではないのです
それは真実のときです

カルマの桎梏《しっこく》は
否定的なものを外にあらわしたがらないことで
形成されます
ためこまれた怒りは
魂の意識にはいりこみ
別の生にもどってくるのです
否定的な感情を処理し
関係を清算することによって
あなたは死者と自分との助けになっています

「死者を鞭打つな」
という言葉は無意味です
まず「死者」というようなものは
存在しませんし
死者はほめなければいけないというのは
現実に反します
死者は意識状態が高められていますから
生前よりも真実をききわける耳があります

死の戸口で
交流が断たれるわけではありません
物質的リアリティと
霊的リアリティの間の壁はひじょうに薄く
その事実は
わたしがこうしてあなたに話していることでも
わかります
霊存在《エレメント》としてのあなた

そして霊存在《エレメント》としての死者は
同じ問題にとりくむことができ
より深い理解に達することができます
幻想が
あなたがたはまったく隔てられたのだと
告げるにしても
あなたの真実は
高められた死者をさらに成長させます
ほとんどのひとは逆のように考えていますが

——死者に愛のメッセージを送るとき
彼らがそれをうけとったことは
どうやってわかりますか

宇宙の永遠の力である愛の
本質を知ることによってです
形にあらわされ、送り出されるやいなや

愛はすぐうけとられるのです
受け手があなたの覚えているのと同じ
人間であるかどうかはまた別の問題です
成長は続きます
最後に会ったときのそのひとを思い出すのが
心の慰めになるとしても
そのひとのことを思い出しているうちにも
当人はよりよい方向へ変化しています
死にはすばらしく魂を活気づけ
向上させるものがあるのです

「愛していますよ。人生を
わたしと分かちあってくれてありがとう」
と言うのが難しいひとでも
自分が肉体を
捨てたあかつきには
進んでその感情を認めるでしょう
すぐにだれもかれもが賢くなると言っているのでは
ありません
ただ、気づきが増すのです

――あなたは死後、意識が拡大すると
言われました
個性というものもいつかは終わりを
迎えるのですか

すべてがひとつにとけあう時はくるでしょうか
そう、きます
でもひとが無ととけあうことは
ぜったいにありません

12 人間関係

結婚と離婚、家族、性の問題

人間の愛の目的は
神に対する愛を目覚めさせること

人間の愛という戸口は
より大いなるリアリティを体験することへの
最高にすばらしい通路《チャネル》です
なぜなら、愛は愛だからです

愛を学んでいくにつれ
愛という行為そのものに対して開かれていきます
その愛とは多くのやりかたで
世界に対して与えられるものです

心が開くと
相手が人間であれ、動物であれ
社会活動であれ、環境との関係であれ
それらが愛への開かれた入口となります

✣

人間の歴史を通じて
――多くの人間の歴史がありましたが
男と女のあいだの関係は
多くのさまざまなものを獲得してきました

今日もっとも必要なのは
率直さ、真実、そして愛です
真実と愛は分離することはできません
ふたつは手に手をとって歩むのです

あんなひとは
とうてい愛せないのではないかと思うとき
真実は
安全性への呪いのように見えます

でもそのひとがほんとうは
真理と愛の光
望ましくまたいとおしい光なのだと
確信するようになると
みずからをさらけ出すことは
恐怖というより
喜ばしいこととなります
するとふたりのあいだの関係は
深まっていって
すばらしい一体感が生まれてきます

――男女のあいだの関係について

二元性ということが基本言語となっている
この人間世界では
男と女を
永遠に分離されたものとしてではなく

自分があらわしたいと望んだ自分の一部なのだと
見てください
あなたがたは互いに
異質のものどうしではありません
あなたがたは互いの一部にすぎません
あなたがどちらかの性の中に
住むことを選んだのであって
それが人間界の本質だからです
男と女のあいだの関係は
〝自己〟を探すもうひとつのやりかたにすぎません

人間の愛は
霊的《スピリチュアル》な愛の代用品ではありません
それは霊的なものの延長の中にあります

一回ごとの生と
その生の中での関係は
愛を体験する機会です
たがいを
神聖にして永遠なる存在とみなすなら
あなたがたはひとつになることに対し
つねに驚異と喜びを感じるでしょう
たがいを人間の形の殻と見る誘惑に
屈しないでください
そうではなく
むしろその中の意識、魂に目を向けてください

✣

ソウル・メイト
さて、これが
ひとがこれから進んでゆく方向です
究極の真実に対して話しかけるとき
人間の存在の中には

あなたのソウル・メイトでないひとはいません
世界の反対側に住んでいる知らない人でも
存在の根のところでは
あなたとひとつであり、あなたも彼らとひとつです
この理解が
あなたがたの惑星にいきわたるなら
もう戦争はなくなるでしょう
どこにも破壊的で有害な
衝突はなくなるでしょう

――メイトを求める場合、この関係を探すには
それがひとりでにあらわれるのを
待っているのがいいか、
それともそれを待つというような執着を
離れるようにするのがいいのですか

あとのことはまったく違います

あなたが欲求を離れてしまったら
欲求は決して満たされません
あなたがただ傍観者にとどまるなら
それはあなたの足かせとなり
苦痛をもたらすでしょう

あなたは意識の上ではメイトを求めているのですが
あなたの一部はそうではなくて
その考えを押しのけ
あなたの別の部分が
細心の注意をはらって開けた扉を
急いでロックしてしまいます
まわりを見回してごらんなさい
家の中を整理すれば
肉体的、感情的な親密さを求めている
自分の一部を
自分でこわがったり、拒否したり、否定したり

批判したり、判断をくだしたりしているのがどこか
わかります
その部分の準備ができれば
メイトはすぐにあらわれます

それについて考えてごらんなさい
それからすてきなよそゆきの服を買って
踊りはじめてください

✣

あなたが自分を統合してゆけば
ゆくほど
神との一体感を求めれば求めるほど
わたしとあなたがひとつであるというような
かぎりない、圧倒的な、はげしい愛を
受け入れやすくなります

――肉体次元でわれわれがもっている
男と女という二つの極は
霊的次元でも存続しますか

すべてがひとつである世界では
二極化はありえません
男と女という面は自己統合されます
だれも、より男性的、
より女性的ということはなくなります

――では霊的世界にも性はあるのですか

性という言葉であなたが意味しているのが
一体感や光と愛
境界のない融合のことをさしているのなら
そのとおりです。でもそれは
肉体的な性を離れて

完全に心の中にとりいれられたものです
物質次元での分離が教えてくれるレッスンを
学びおわったうえは
もうその分離は必要ありません

――心が二つの方向にひきさかれるときは
　心をどう使って関係を選べばいいですか

異端的に聞こえるかもしれませんが
どうして、両方の関係を選ばないのですか
ほんとうのことを言えば、ひとが
ひとつの永遠の関係を見つけると
決意しているときには
心に
重苦しさがまつわり
それがみずからの叡知を拒んでしまいます
よく気をつけてください

愛があなたを招くときには
いつでも喜んで、それをたたえてください
いつわりの愛を味わったことがなければ
どうして真実といつわりを
見分けることができましょう

究極のたったひとつの関係を求めるという
理由も余地もないような
多くの転生があります
親愛なるひとたちよ
ここは天国ではありません
天国へ向かう道の途上です
悲しむことなく限界を受け入れてください
あなたがたは有限の世界にいるのですから

――なぜ、結婚生活はしばしば離婚に
　終わるのですか

それは
人々が成長のプロセスを加速したからです
魂が相寄るのは、肉体的に
いつまでも共にいるためではなく
成長するためです
そのことが起きれば
贈物が受け取られ
レッスンは終わったことになります
そうしたら、さきへいくときだと思いませんか
すべては整然と定まっていることです
変化に心を乱さないでください
ものごとの速度が増しているのは
破滅の穴に飛び込むためではなく
あなたの求める理解の高原に達するためです

――わたしの結婚生活は悪化していますが
　どうしたらいいでしょう

悪くなるにまかせておきなさい
結婚とは関係の別名です
関係がもう役にたたなくなったら
意味を見つけよう、教訓を学ぼう
いっしょになったことの本質を見つけようという
試みが極限に達したら
それはもう
あなたの求めるものを
もたらしてはくれません
さあ、あなたができることはなんでしょうか
もしそこに真の結婚というものがないなら
それをどう終えるかは、ささいな問題です

愛と祝福とをもって
それを手放し
次にその魂に出会ったときは
もっと親しさや
同情や理解が生まれるようにしましょう
なぜなら、あなたがたはまた会うのです
すべては最終的に
〝一なるもの〟に帰するのですから
あなたがこの生で出会ったひとで
二度と会わないひとはありません
そのことを考えましょう

――苦痛な関係をやめるべきときがいつか
どうすればわかるでしょう

あなたがもう痛みにこりごりしたときです
なぜなら、もし、ほかのひとが
そのひとのゆくべき道を
きちんと去っていったからという理由で
あなたが意気消沈するとしたら
あなたは自分の特性を
見つけていないことになります
あなたは他人と同一化していただけです

――オープンな結婚関係について

だれでも自分の人生の体験のしかたを
選ばなければなりません
「オープン」という言葉と
「結婚」という言葉は両立できないと思います
結婚の意味とは、わたしの感じているところでは
統合性をもって深くかかわり

ひとつになって
たがいの中の神性を崇め
たがいの最大限の成長を生み出すことです
オープンな結婚でそれができるとは
わたしには思えません
それではひとつに集中すべき焦点を
散らしてしまいます

でも、わたしは清教徒的ではありません
結婚相手以外の異性と
関係をもつかどうかは
まったくあなたの気持ち次第です
でも大いなる宝を散逸させていることにだけは
気づいていてください

結婚生活を散漫にするとき
与えるものが少なくなるだけでなく
受け取るものも少なくなります
ひとは自分が与えるものより
一オンスでも多く受け取ることはありません
ですから、あなたのしていることはいずれ
自己否定にいたるでしょう
ひとつの場所で
ひとりの中に豊かさを積み上げていくのではなく
あちらこちらで豊かさを求め歩く場合は
もし結婚生活そのものが好きでないなら
あなたがなぜ最初にそれに踏み切ったのか
わたしにはわかりません
あなたがたがひとつに結ばれ
しかも、そののち
ちがった方向へ成長している場合は
どちらにとっても、おめでとう
喜びをもって
もっと好ましい環境へと移っていってください

でも結婚に対する深いこだわりがあり
そのまま続けたいなら
それはそれでかまわないと思います

――愛し合っているにもかかわらず
結婚生活が退屈で窮屈なものになったとき
どうしたらいいでしょう

まずはその事実を認めることです
あなたがたは
自分たちの関係の中での進歩が停滞して
でもまだ愛があることに気づいています
その愛が真に受け入れられれば
その停滞からぬけだす道も見つかります
愛とは、愛しあっていると口で言い
なおかつ

その恩恵に浴せないというものではありません
愛は宇宙に存在するものの中で
もっとも深いリアリティです
おざなりな気持ちで「愛があるわ」などと言い
古い破壊的なパターンを
続けていくというようなものではありません

ふたりの関係という祭壇に
まずは愛の残り火を
おいてみてください
テレパシーやら祈りやら
実際的な行動やそのほか
あなたがたの人間世界において可能な方法で
ふたたびそれをあおいで
燃え上がらせる道は見つかります
まずは愛です

親愛なるひとたちよ
「もちろん愛しています」というとき
よく気をつけてください
「愛」という言葉を防御として、あるいは
自分自身、ひとを愛せないということから
逃げるために
使っていないかどうか気をつけてください
愛しているという言葉は
実際に愛を経験しないですむために
口に出されることもあります

なぜなら愛とは
宇宙でもっとも強い力で
また
完璧に受け入れられるまでは
ひじょうに恐ろしい力でもあるからです
それは通常
最後の転生の
終わるところでおきます

退屈というものに魅惑されないでください
それはあなたが思っているほど
安全なものではありません

――性はどのように霊性と結びついていますか

愛はしばしば性的魅力として感じられます
あなたがたの肉体は体験の道具です
愛を体験するとき
あなたがたは完全に肉体的存在として体験します
あなたがたの魂の中には
愛を表現するために作られていない部分は
ありません

性とは一体感へのすばらしい扉です
それは見るという意志
見られたいという意志です
自己のすべてのあらゆる部分を通じて
できるかぎり完璧に分かちあい
相手にわかってもらい
大事にされたいという意志です
人間のかかわりにおいては
性的結合のリアリティを
高く評価する必要があります
おそらく愛とは
結合のもっとも直接的な手段でしょう
それがあらゆるレベルで体験されるなら
——もちろん肉体的のみならず
霊的にも体験されるなら、です
そのことに気をつけてください
あなたがたはすべてであり
あらゆるレベルにわたって存在するのですから
性とは真理に向かって開かれた生物的扉です

——同性愛とは人間の関係において
どんな役割を果たしていますか

必要な役割です
それは愛の手段です
一体感に到達する手段です
怖れをカムフラージュする手段です
つまりは、ひとつの道なのです

あなたがたは、物事が
これこれでなければならないという幻想を
支持している世界にいるので
同性愛も同じだということは

受け入れがたいでしょう
多くのひとは
自分の両性具有的な面を受け入れていきます
その中には同性愛という形であらわす人もいて
それは過剰にあらわされた形ですが
物質世界のもっている性的構造を
受け入れる必要から出たものです
でも、長い目でみれば
あなたがたの文明では
それも健全なあらわれかたです

究極的には、わたしたちはみな両性具有なのです

✣

家族とは霊的成長のための
温室です

家族という状況では
理解や成長を避けることはできません
だからこそ家族という組織が
地上において形をあらわしたのです

家族の中に子供が入ってくるときは
触媒のようなものです
なぜなら子供は両親の中にありながら
まだ未知である多くの性質をもっているからです
それは魂にはわかっていて
それは魂のもたらす贈物の一部です
両親にとっては
自分の中にあるものを
目に見えるかたちにしてくれる
ひとつの機会です

子供を、輝く明るい神の鏡として

それを生み出した人間の鏡として見てください
彼らはまた
両親の内にある見たくない構造を
あらわしてくれる鏡です
子供が反映しているのは
自分の魂の歩みでもあります

彼らがくるのは愛され、大事にされ
導かれ、守られ、育まれ
そして解き放たれるためです

――養育について

愛こそ、養育の目的です
教えるという必要性があります
慰め、導くという必要性がありますが
一瞬でもあってはならないのは
親が優越しているとか
親子は分離しているとかの観念です
子供たちはあなたを選んで生まれてきました
あなたを知っているからです
あなたがたは
多くのちがった家族形態において
前にも幾度かいっしょにいました

愛と率直さと
真実と、さらけ出す勇気と
同情と知恵とを最大限に発揮して
交流を行なってください
それは子供たちの魂の目的に
もっともよくかなうことです

だれでも与えられる唯一の贈物とは

自己です
わたしには、それよりも美しい
すばらしい贈物は想像できません

――娘はドラッグをやっています
　これについて何か助言と意見をください

ドラッグは非常に危険に見え
また肉体にとっては実際にそうなのですが
それも究極の破滅ではありません
神の意識には破滅ということはありません
学びがあるだけです

この問題の場合
自分自身に
自分がこのことから何を学んでいるか
問いかけてください

なぜ、これがあなたに起こったのでしょう
犠牲者意識からではなく
感謝の意識から問うのです
あなたが経験しているのはなんですか
あなたが恐れているのはなんですか
隠れた原因はどこにあるでしょう
あなたがひそかに力を貸しているのはどこでしょう
いま判断をくだすことはまったく価値がありません
決めつけてしまえば
ヒーリングの道への扉を
よりきつく閉じるばかりです

だれもこの世界にひとりでいるのではありません
娘さんもひとりではなく
あなたというものも
娘さんがドラッグを通じて
このリアリティから逃げようと決めた

決定の一部です
こう言うのは
あなたに罪悪感を与えるためではなく
このかかわりにおいて
自分の役割を担いなおしてほしいからです
子供というものは
両親がみずからに与えそこなったものを成就します
娘という鏡に
自分の姿がどう映しだされているかを見て
それを愛とゆるしをもって受け入れてください

すべての母親は
あなたが以前に知っていた愛する人たちです
この物質的な惑星においては
母と子ほど深い関係をもつものはありません
これはいかなる意味においても
父親の役割を否定しているのではありません
父親に対して与えられるいたわりの言葉とは
あなたがたも昔、母親であり、いまは子供であり
その点でやはり
きずなと親密さがあるということだけです

いったんきずなが生じたら
分離は決してありえません
愛が生じたら
つねに一体感があり
あなたがたが肉体において
めぐりあわなくても
いくつもの転生を通じて続きます
そうした親愛は
すでに体験しています
夢を見ているあいだ
霊の世界において出会っています

――病気の母親に対して
　わたしのとるべき責任はなんでしょう

だれかが病気だからといって
そのひとを祭壇として
そこに人生を捧げなければならないということは
ありません
もしあなたの真実が母親とともにいることであれば
それは義務ではありませんね
それは成就感であり、喜びです
いっしょにいることが
あなたにとって真実でなければ
自分の心に従ってください
親愛なるひとたちよ
あなたがたは内なる真実に従えば
決して誤ることはないのがわからないのですか

――動物と意思の交流をすることは
　可能ですか

心をオープンにして
異なる種に対して
同胞意識を感じるとき
あなたがたはこの世界を作り出した
種子にふれていることになります

そのことを
息をすることと同じくらい真実と感じられれば
すべての生物はあなたに話しかけます

あなたが究極のリアリティ、つまり
すべての生物は愛であり、愛においてあらわれ
それゆえひとつであるというリアリティを
全面的に認めれば

この交流のみちにおいて
すべての意識は
それみずからを知っているということが
わかるでしょう

――イルカはわれわれに話しかけますか

動物の世界でイルカとは
ひとえに自分自身であることによる
愛と目覚めをあらわします

イルカは大いなる光を見
大いなる愛を感じたので
いまはそうした愛を
分かちあいたいと望んでいます
この存在の中の愛の意識は
みずからを表現する場所を求めています

愛とは与えられるべき贈物です
イルカに、人間と同じような
思考パターンで交流することを求めるなら
イルカをその存在の場所から
イルカにとっては速すぎるペースで
無理にひき出すことになります
おお、友よ、生き物には
そのもの本来の言葉で話させることができませんか

13

現代の諸問題

この惑星の存続、戦争、統治、中絶、幼児虐待、ホロコースト

あなたがたの誕生が偶然であるとか
世界が混沌と混乱との
でたらめなごった煮であるなどとは
一瞬たりとも信じないでください
人間の有限な視点からは
そう見えるかもしれませんが
わたしは約束します
すべては、秩序にのっとっており
神のわざにおいてちょうどよい時に
万人の目に明らかになる、ということを

幕があがり、気づきがひろがると
この惑星が
神にささげられた光の聖堂のように見えてきます
あなたがたおのおのが内側には
無限の力の王錫《おうしゃく》をもっているのです

――この混乱の時代の意味はなんでしょう

あなたがたは生の目的を見失いがちです
危機や災厄に満ちているように
見えることもある時代こそが
自己探求を続けるために
みずからの真の信念を見出すために
みずからの光を追求し、それを分かちあうためには
最良ではありませんか
内なる対決と成長にとっては
なんとすばらしい背景でしょう

人間の進むみちと進歩には
光をさしこませねばならぬもの
希望と正しい誇りを与えねばならぬものが
多くあります
いつか世界を征服するであろう

なみはずれた愚かしさに焦点をあわせることは
全体にとって、害になるだけです
確かに、残忍で暴力的な行為、子どもっぽい行為は
この教室が存在するかぎり続くでしょうが
そうした行為から
人類がなりたっているのだと信じる理由は
少しもありません

世界が理路整然とした場所であるはずだと思い
とほうにくれないでください
世界は、理路整然としてなどいません
それは争闘の反映です
世界は穏和で公正ではありえません
ひとがみずからの内において
穏和さと公正さを重んじる意識にまで
高まらないうちは。

――われわれの惑星は破滅に瀕しているのですか

学校はそうやすやすと滅ぼされることはありません
まだ終業ベルは鳴りません
「さあ、もう終わりにしよう」と言って
多くの人が待ち望んでいる長い休暇に
出かけることはないのです

ひとは自分が
世界を抹消できるほどの
力があると思っているくらい、まだ未熟なのです
幼児性の域をさほど出ていない
誇大妄想の感覚です
この未熟さは絶対的な権力という誤った約束にまで
落ち込んでゆき、否定的なものを増大させます
絶対的な力などというものは
あなたがたの世界には

たとえ有限な形においてさえ、ないのです

あなたがたの内側をよく見て
最終戦争を期待する気持ちが
どこにひそんでいるかを探してください

そのような破滅が不適切であることは
この惑星のすべてのひとにおのずとわかっています
ではなぜ、あなたがたは
〝すべてを見とおす愛の意識〟にとって
その破滅が適当なものかもしれないなどと
思うのですか
あなたがたは
自分が相手に腹をたてれば
相手も自分に腹をたてるという
地上的な考えを
あまりにもきびしくたたきこまれたので

このさきには
恐ろしい戦いが続くに違いないと思うのですね

むやみに荒れ狂って
世界を破滅のふちへ、さらにそのさきへと
押しやろうとするひとはいますが
そうしたひとたちの中にも
光を求めている光の意識があるのです
彼らのみちがぞっとするようなものに見えても
それはやはりみちなのです

もちろんわたしは
「きりもなく核兵器が増えていくことは
すばらしいことじゃありませんか」
などとは言いません
わたしが言うのは
「親愛なるひとたちよ
宇宙の叡知を信じ
人間世界にあなたがたとともにいる
すべての存在を信じなさい」
ということです

もし愛と真実を求めるあなたのようなひとたちが
混沌の幻想を乗り越えられないとしたら
幻想に閉じ込められているひとたちは
いったいだれが救うのでしょう
愛の力と
真理への献身によって
強められているあなたがたこそが
恐怖にうちひしがれたひとたちの
意識を高めるのです
彼らはその恐怖を認めるくらいなら
世界を滅ぼしたほうがましだと思うほど
恐れています

生の目的は
互いに鎧《よろい》をまとうことでは
ありません
愛することを学ぶのが
もっとも必要なことです
地球の汚染でさえ
気遣いを学ぶ手段であり
そのことによって
いま起きつつあることが変わっていくでしょう

地上から手をひかないでください
まだ何年も残っています
人類はホロコーストによって
この教室から追い出される必要はありません
あなたがたのうちの幾人かが考えているより
おだやかな方法で故郷に帰ることができます
でも、そうです――

科学はきわめて正確です――
いつかこの惑星が消えてしまうときは来るでしょう
あなたがたの生きているあいだではありません
みなが教室での授業を終え
地球が故郷に帰るときです
この星は光に帰っていきます

そうなるまでに、この惑星は
踏みにじられ、ドリルをねじこまれ
ハンマーでなぐられ
非難され、毒を盛られていると思いますか
この星も
あなたがたと同じように少し休息が必要です
長い有益な生涯ののちには

時がきたら物質性を手放してください
もうその値打ちがあります

意識のその部分は
光に帰るに値します
あなたもそうなのです

✣

　環境バランスの問題について、いくつかの考えをお話ししましょう。

　地球全土とその上の生き物に対して、自分たちが果たしている役割に目覚めている多くのひとたちには、参考になるでしょう。でも世の中には、ここでのいくつかの論点と自分の物質的基盤の問題（食物や空気の問題）には、たいした関係がないと思うひとも、多くいます。「だって、わたしが魂であって、ここには学ぶためにきているのなら、どうして環境などにかかわりがあるのですか。この環境は、わたしが生まれる前からあるし、わたしがこの汚染されたみすぼらしい世界から去って、意識の別次元に行ったあとも存続しているでしょうよ」

　こうした問いに対する唯一の答えとは、世界は鏡であり、鏡を磨いてきれいにすればするほど自分の姿がよく映るようになるということです。生の目的は自己発見ですから、このすばらしい冒険に使われるエレメントを、最高な状態に保っておくのは当然ではないでしょうか。これは利己的な見方に思えるかもしれませんが、いつか必ずみなさんの利益になるのです。

――だったらなぜ、われわれは最初から
ぴかぴかの鏡であるような世界を
作り出さなかったのでしょうか

それはこの特別の鏡の中に
自分の光と同時に曇っている部分も
見出すためです
汚染と不注意を通して
そのむこうにあなたの家のすばらしい美しさを
見てとれるなら
外側の汚れた現実を超えたものに
愛をもって触れられるなら
その中にあるものをふたたび活性化させ
大地はふたたびまことに輝くようになるのです
あなたがたがその中で
互いに交流したり働いたりしている

物質世界の本性とは
ものを反映するということです
あなたの触れるものはすべて
あなたの反映となります
無限の意識の中に
たったひとつの魂がはぐれ、さまよっているかぎり
地球は本来の澄みきった姿にはなりません
なぜならその魂は自分の姿の反映を見て
完璧な鏡を汚してしまうからです
ほんとうにそうなのです

――現在よくみられる異常気象には
なにか宇宙的な重要な意味があるのですか

自然現象の中に、災厄を深読みしないでください
地球はとても賢明です
ただ環境のバランスをとっているのです

――原子力の脅威をどのように見たら
よいでしょう

怖れなく見ることです
一秒たりともそれを恐れてはなりません
それも神の宇宙の一部です

神の世界の中になにも邪悪なものはありません
それを使ってなされることに邪悪があるだけです
核エネルギーを敬ってください
叡知をもってそれを使ってください
そうすれば、それはあなたの世界で
適切な位置をしめるようになります
過大でもなく過小でもなく適切な位置です

問題は不注意と
貪欲と無思慮であって

原子力ではありません
問題なのは人間の力です
人間の力の誤用です――
そして怖れと。
まだ不足だという怖れです
核物質は道具として使われ
多くのひとたちのポケットを満たしています

貪欲は、深い怖れから排出される有毒な廃棄物です

✣

ダイオキシンとしてあらわれるものは
過去には別の毒物としてあらわれていました
蛇の毒とか
戦争とか、疫病とかです
ダイオキシンは否定的なものの現代版の姿です

そのようにとりあつかうべきです

意識がものを創造することに
あなたがたが気づいたら
この叡智によって
祝福し、清浄にし、癒す力を得ます
そうです、この地球をさえです

苦しんでいる地球のために祈ってください
苦しんでいるものに
やさしさと愛と理解と
同情と祝福と癒しを与えてください
あなたは自分の意識の中にある
すべてを光に変える力に
まだ気づいていないのです
あらゆるものを愛をもって眺めれば
すべてはその脅威を失うでしょう

――政府について

政府というものは
光や、その国に住むものの魂のプロセスを
治めるようには作られていません
例外なくどの政府も
そもそもは国民のためになるはずだったのに
その国民の要求に比して
まったくゆがんだ姿になってしまっています

いまこそ宇宙的な統治のときです
国家主義的な抵抗や幻想の桎梏《しっこく》をといて
すべての人類が
ひとつであるという認識のもとに合一しましょう
それがまことのリアリティです
通りへ出てそう叫んでください

いま存在する政府は
人類のいわば幼稚園時代に
考え出されたものです
少なくとも高校を卒業したものは
(この幻想の中で大学に入ったものは
言うにおよばず)
もっと成熟した政府のありかたを
うちたてるべきです
だれが首相になろうとも
すべての国は〝聖なる存在〟によって
運営されているのです

――ホロコーストのような恐怖を生み出すのは
意識のいったいどんな部分でしょうか

「われわれ全員に責任があるのです」という表現が
正しいことはわかっていますね

あなたがたは、みんな自分の内側をのぞいて
自分のどこにそんな残忍さがあるのか
あるいは特権意識や優越感をもっているのかを
探してください
たとえ、そうした感情を
行動にあらわしたことがなくてもです
それらの判断は実に多くの面で
残虐行為を生み出します
それらの判断が
たとえ知的なレベルのものであっても、
意識的な心には気づかれぬほど
ずっと下に埋まっている感情的なものであっても。

だれもが
いろいろな仕方であの時代を生み出しました
だれかひとりがあの犠牲者たちを
集めたのでなくても。

ほとんど例外なくすべてのひとが
同じような意識の焦点のあわせかたをしていて
それが拡大された形で
あの状況をもたらしたのです

あれは深い学びのプロセスです
もし、あれが学びの契機になるなら
あのとき肉体的に滅ぼされた人たちは
大いなる愛という贈物をしたことになります

✣

ホロコーストのとき多くの魂が行なったように、自分の生命を犠牲にする多くの個人または集団があります。その教訓をはっきりさせるためには、もっと現在の出来事に注意を向けねばならないように思われます。いまこそヒロイズム、犠牲、愛、各人の内なる神に焦点をあわせる時ではないでしょうか。

過去を指さして「あれを見ろ」というほうが、「いまの自分のまわりをよく見てみなければ」というよりもずっとやさしいのです。なぜなら現在、そのような出来事がおきていれば、それに対して手を打たなければならなくなります。記念碑というものは、いわば冷凍保存されている思考に対して捧げられるものです。記念碑は、参照すべき額絵のようなものですが、それは同時に、たえまなく進んでゆく現在のプロセスを固定化してしまいます。教訓は学んだあとでは、手放さねばなりません。いえむしろ、学んで、あとはそれ自身にまかせてしまうと言ったほうがいいでしょう。われわれは現在を尊重することによって、過去を尊重します。

――ふたたび世界大戦はあるでしょうか

そのおたずねに対しては答えられません
それはわたしがすでに特権的に知っていることを
言いたくないからではなく
光の種子がすでに植えられているからです
力強い運動が始まっていて
あなたがたみながその一部です
戦争や、地震などは
ただ偶然に起こるのではありません
それらは政治的な路線の差異などを
はるかに超える目的のために創り出されます

光と神の存在として、あなたがたは
その本質にのっとって話さなければなりません
あなたがたは愛を宣言しなければなりませんが
まず自分自身で
愛に対する信頼をもつのがさきです
ですから、ためし、挑戦してみてください
ほかに生き方がなくなるまで
愛を投資してください
その真実が堅固であることがわかれば
あなたは足をしっかりと
そこに着けることができます
あなたは暴力や闇を否定し
地球を癒すという仕事において
神のわざに力を貸します

だれかを愛をもって眺めるとき
あなたは奇跡とも呼ぶべきものを作り出します
なぜなら光は広がり、光が広がると
闇は変容するからです
絶望しないでください
多くの心が開きつつあります

より多くの真実が
あちこちできかれるようになっていきます
勇気が高まっています
こうした破壊に対して
「ノー」と言えるひとの数が充分に増えています
あなたがたはすでにそう言いはじめています

――幼児虐待について

いかなる虐待も、神に対する虐待となります
天においても地においても
子供を虐待すること
あるいはだれかを虐待することは
許されないことです
人間の基準ではぞっとするような状況――
耐えがたい状況です
でもそのさきを見ましょう

平静にというのではなく、同情と
それぞれの魂の内なる知恵に対する
深い信頼をもって

この経験から学ぶべきことですが
子供のみではなく
その両親も学べるのではないでしょうか
いじめられて
ときには死んでしまう子供というものは
しばしば両親に対する大いなる愛と犠牲という
贈物を与えています
両親がその贈物を受け入れる気持ちがあればですが

そうした虐待を受ける魂はそれを選択しました
その理由は、彼らと
彼らの助言者、ガイドにしかわかりません
彼らはより輝かされた存在となり

闇の意味により多くめざめたものとなり
より決意に満ち、力を得た存在として
内なる闇を変容させるために
あらわれてくるでしょう

神のような視点で
あなたがたは物事を見ることはできません
あなたがたは判断を去り
それを神の手にゆだねてください
恐怖や怒りをそのままにしておいてください
それらの問題は、あなたがた人間の世界で
充分に考慮しなければなりません

――中絶について

中絶とは、ほかの多くの問題のるつぼのようなものだと思います。ひとは人生のすべての行動に対して意識的でなければなりません。中絶のみならず妊娠という行為に対してもです。でも、深い祈りと熟考をへたのちに、妊娠を終結させる必要があるときは、中絶は許されない行為ではありません。それが学びの機会となるのでしたら、それも役に立つ行為でしょう。

忘れないでください。わたしは霊《スピリット》の世界から話していて、魂というものは決して破壊されないと知っているのです。ある魂が生まれることを選ぶときは、それは生まれてきます。

魂というものは賢くて、生まれてこれないような肉体に宿りはしません。

〝神の法則〟というものがありますが、それらは、人間意識をはるかに超えているので、ある意識のレベルで「それは完全に正しい」とか、別の意識のレベルで「それについてはよく考えてみなければならない」とか、また別の意識レベルで「そんなことはそもそもしてはいけなかったのだ」というような意見を述べることは難しいのです。あなたがたの人間世界のことで、絶対的に誤っている、といえることは何ひとつありません。

罪悪感は必要でしょうか。いいえ。気遣い？　そうです。責任？　まったくそのとおりです。その不幸な行動の背後にのぞいているなにかの欠如を進んで見てとるのです。同情をもって。

なぜその妊娠は起こることになったのでしょうか。あなたは本当は何を望んでいたのでしょうか。なぜあなたは、妊娠の結果の子供を受け入れられる状態にないのに、妊娠状態に自分をおいてしまったのでしょうか。

どのようなかたちで感じられるにしても、それは喪失です。あなたは自分の心をなくして意味のない妊娠状態に入ったか、自分自身が満たされるのをどこかで拒んでいるかです。

でも、この行為が成長のために使われるのなら
あなたが自分なりの意味と
自分の真の欲求と
あなたの真実とあなたのありかたを
その中に見出すみちを開くのなら
この行為は贈物となります

——刑罰について

どんな人間にも、神の命令によって
他人の生命を奪うような権利はありません

魂はもちろん死にはしません
それは解放されます
でも、それと殺すのは別問題です
だれかが自分の人生を組み立てているときに
その生命を奪えば
必ず、自分にもひどいはね返りを
負うことになります

殺人者を殺して、また殺人を重ねることは
魂の意識の中で
さきの殺人の代償になるでしょうか
わたしはそうは思いません
すべてのひとの神聖さに対する
深い理解が必要です

人間はその経験の途上で
ある理想や大義や生命を保つために
他人を殺すことが必要のように
考えることがありますが
それは殺人という行為の重さを
いかなる点でも弱めることにはならず
ただ情状酌量の余地を生み出します

気づきが広がっていくにつれ
ひとはより責任感に目覚めます
もし気づきがなければ
他人の死は、重荷としてのしかかりません
気づきが真にどこにあるかがわかるのは
自己の中においてでしかありません
意識の深部が次の生を
また次の生を生み出していきます
原因と結果は
いつも自分で作っていることを
忘れないでください

内なる闇の暗室の中に
光がともった瞬間
光は永遠に燃えつづけます
ひとり、またひとりと
公共の刑吏は職務を離れてゆき
やがては
その仕事をするものはいなくなるでしょう

すべてのひとが
「わたしは殺さない」と言うような世界を
思い描いてください
どんなにすばらしい平和と美がおりてくるか
わかりますか

14

地球を超えて

小さな世界が宇宙の中に放り出されて
いつまでもそこを漂っているという図式は
真実とは言えません

あなたがたは万物とあなた自身とのあいだの
境界線上にいます
同時にすべてのものが存在します

あなたがたはわたしのいるところにいます
わたしはあなたがたのところにいます
そして
幅と高さと奥行きをもった物理的次元というものは
まったくリアリティをもっていません
あなたがたが
人間の限界という見方を捨てるならば
あなたもわたしも
まったく等しい存在として向きあうことになります

肉体をもっていなければ
住める惑星がたくさんあります
そこがどんなに寒くても関係ありませんね
それはまことにすばらしい自由の感覚なのです

あなたは自分がひきつけられるどんな場所にも
好奇心に導かれてゆくどんな場所にも
住んでいいのです
あなたが知覚できるより
はるかにまばゆい光や色彩を
人間の世界にいながら感じることができます
理解をはるかに超えた精妙な音を
きくこともできます
これはおとぎ話ではありません
それは耳栓を外して聞くようなもの
長靴をぬいで
砂の暖かさを足に感じるようなものです

✣

あなたは光の存在として
あなたの意識が許すかぎり
神のつくりたもうたこの宇宙のどこにでも
物質次元を超えた世界にでも
入ってゆくことができます

光の存在であるあなたが
もはや物質的である必要はないとしてみましょう
あなたは幻妄の幻妄をあとにおいてゆき
ひろがり、探検し、また創造する自由があります
選択するのはあなたです
あなたは自分にとって、より融和しやすい
別の銀河系に
または別の意識次元に入ってゆくことができます

あなたの世界は
あなたにこうしたことを約束しているのに
あなたはそれらを約束として耳に入れていません

✣

魂の意識のほんの小さなひとかけらしか
人間の姿の中には一度には存在しません
個人として経験されるものは
いまだ光ととけあわされていない魂の
一部にすぎません
抵抗のある領域が人間らしさとなります

人間としての経験の必要性がなくなるにつれて
授業はきびしいものではなくなり
人生はより甘美なキスと化すでしょう

✣

あなたの中の人間である一部が
存在するかぎり
完璧とは何か、不完全とは何かを
知ることはできないでしょう
完璧である神の計画においては
その上に人間の不完全さが
ひとつまみかかっていることが
その瞬間、このうえなく完璧なものです

——キリストにもそのような
わずかな不完全さはあったのでしょうか

そのとおりです
目もくらむほどのまばゆい瞬間は存在しました

完全にすべてを知るという瞬間が存在しました
でもそれだけでなく、霧のかかったような瞬間
忘却の瞬間
キリストにとって苦しみの時間も存在したのです

キリストのように
真実の生に身をゆだねているものでさえも
肉体の性質をまとったのですが、肉体そのものが
意識をくもらせてしまうのです

――クリシュナなど人間の体を用いたものたちは
本当には人間ではなかったという説があります
そのようなものたちが
地上を歩くことは可能なのでしょうか

肉体をまとうことは可能です
でも人間の経験というドラマの中に
入ってゆくことはできません
微妙な違いがあります
キリストはみずからにとって
経験や自分の与えるメッセージや
教えや献身が価値があると認めたので
肉体をもつ人間の経験の中に入っていきました
そうでなかったものも多くいます
肉体という衣服を
短い間なり、一年なり、必要な寿命だけまとって
真に人間の生活を体験しないものもいます
それもよいことなのです
いわば混みあった地下鉄の中に忽然と実体化し
または辻々にあらわれて
人々を助けたり、教えたり、導いたりし
そののちに消えてしまうような――
そんなものもいます
そういうものは

人間らしさというものを経験しません

――エマヌエルよ、あなたの世界は
どんなふうですか

もしわたしがあなたを
この世界めぐりの旅にご案内するとしたら
色彩のあざやかさ、空気のかぐわしさ
感覚のよろこびをお見せしたいと思います
安全で美しくやわらかな通りを見せ
信じられないほどの芳香を
味わっていただけるでしょう
あなたの世界で物質的に約束されているものは
すべて
わたしの世界で完璧に成就されます

――そこにはスイカズラがありますか

スイカズラのエッセンスがあり
それは鼻を通じてだけでなく
わたしのあらゆる部分にしみわたります

あなたがたはいまの世界にいても
境界を超えた知覚を自分に許すことによって
わたしの世界に触れることができるようになります
たとえば、あなたが食事をするとき、食べ物を
味蕾を通じて味わうのみならず
その美しさを見
音をきき（それには音があります）、振動する生命と
食べ物があなたにさしだしている愛の贈物を見ます
その光と喜びを、体に吸収させてください
ゆっくり、味わいながら食べてください
気づきをもって味わえば

わたしの世界がどのようであるかが
わかってきます
基本的には同じなのですが、はるかに豊かなのです

✣

心というものは
内側のはてしない宇宙にのびてゆくことができます
外に膨張するはてしない宇宙にのびるのと
同じように

ですから、あなたがたは
外と内の照応を理解することができます
たとえば、自然科学を深くきわめてゆくにつれて
世界の内側の世界のまた内側に入りますが
そうするとあらゆるものを超える意識が
ひろがってゆきます

✣

地球の曲面は
人間の思考を曲線にそって曲げてしまいます
では、「まっすぐな」思考はどうなるのでしょう

地球の曲面というものが
あなたにどんな意味をもつにせよ
神の思考はそれを超え
明晰で、知覚力にあふれた
まっすぐなものです
このことは、それぞれの意識のレベルに応じて
さまざまな意味をもちますが
それは、あなたの思考を
地球をめぐる円運動から
解き放つことでしょう

――イエス・キリストとして
われわれが知っている魂は
ほかの次元で
いまなお生き続けているのでしょうか

なんと興味深い質問でしょう！
まずわれわれは
あなたがたの銀河の物質性の中で
進化することから始め
さらにそれを超えた大いなるリアリティの中に
出てゆきます
それはいまはまだ、望遠鏡を通してみれば
はるか彼方に見えるでしょうが

もちろんはっきりした意識をもつ
生命体の住む惑星はいくつもあります
でもその彼方にそれを超えて

物質をはるかに凌駕《りょうが》する
いくつもの次元があります
物質性というものは大いなる永遠のなかでは
もっとも小さき次元にすぎません

キリストが一瞬一瞬を光と真実
喜びと完全性
深い崇敬につつまれて
歩いておられるような次元もいくつかあります
でも、わたしはこう申し上げます
――またしてもあなたを混乱させるためではなく
ほかに言い方がないからなのですが――
あなたの惑星とその物質性の中にはすでに
別の次元がいくつもまじりあっているのです

あなたがたが瞑想や祈りの中でふれたことのある
より大いなる現実は

車や船や
川や公園や
雨や、座っているあなた自身とも
同じ空間を占めています
あなたがたとともに永遠に存在する
この広がったリアリティの中では
キリストも生きておられ
あなたがたの中を歩いておられます

われわれは同時に
多くのリアリティの中に存在しています
それらの地理的な場所を特定することは
難しいのですが
それらのリアリティを意識の中に把持すれば
あなたは真実にさらに近づけるでしょう
なぜなら、あなたが極小のものに意識を集中すれば
この世にはひとつぶの砂しか存在しないと
信じることができます
またより大きな、広大なものに集中すれば
日常のあらゆる場面において、つねに変わらず
自分がキリストと手をたずさえて歩いていることを
ありありと感じられるでしょう
それは地理的なことではなく
真実なのです

――ほかの惑星に生命は存在しますか

はい。あふれるほど豊かに。
あなたがたは、わたしのいる意識の次元において
わたしたちから愛され、守られているだけでなく
あなたがたと同じような意識の次元にいる
多くの存在からも愛されています
彼らはあなたがたの世界にかつて存在し

そののちに
より高く進化した意識をもつ別の天体に
移っていきました
それは彼らが選択したことです

地球の過去の歴史において
人類は、孤独ではないということを
何度も発見しています
それからその知識が広まっていきました
そうしたコミュニケーションの神聖な目的は
満たされたからです

銀河系同士の交信が
日常茶飯事になるような時期が
やってくるでしょう
でもそれは
あなたがたの惑星に転生しているものたちの心が
相手の導きを
子供のように依存的にではなく
兄弟のようにうけとるときが
来てからのことです

――ほかの惑星の生命体は
この惑星におけるのと
同じような形態をとりますか

いいえ。ほかの惑星といっても
意識がより高いものも低いものもあります
段階があり、階梯があるのです
神があなたの教室に定めたもうたのは
この惑星のみではありません
あなたはここから
さらに祝福に満ち、さらに意識が高められ
より生き生きとして、より開かれ、より創造的な

そしてより愛に満たされた
ひじょうに多くの惑星へとおもむくでしょう
そこでは
卒業しなければならないという心配は
ありません

――この宇宙でわれわれに一番近い隣人とは
だれで、最初にコンタクトをもつのは
だれになりますか

わたしたちです
コンタクトはすでに行なわれています
ああ、あなたが地球外生命のことを言っているのは
わかります
地球外生命をどう解釈するかにはかかわらず
コンタクトはもう始まっています

人間社会において
自分の予期以上のことに耳を傾ける意志が
発達してきたときに
次のことはさらに明らかになります
ほかの惑星からの訪問者とコンタクトしたと称する
ひとたちが、すでに存在します
まだ人々はそれに耳を傾けたがりません
あまりにも神秘的すぎるように思っています
真実を言えば、それを受け入れる時期は
まだ来ていません
なぜならわれわれはまだ
霊《スピリット》の次元、神の世界へと広がっていく能力を
目覚めさせようとしている段階だからです

ほかの肉体生命体の訪れに対する
わたしの個人的な意見はといえば
いまの段階では

混乱を起こすだろうということです
それはすでに起こりましたし
起こりつづけています
時間と空間という幻想を超えて
使者たちがやってきます
なぜなら、究極的には
すべてはひとつ、すべてはここにあり
すべてはいまあるからです

このことが将来どうなるかを考えるときは
時間と空間を超えて存在するリアリティに
心を配ってください
そうすれば、あなたの問いが意味をもつのは
物質世界にとどまっている時のみだということが
わかります

ほかの銀河系に存在する魂は
あなたがたとよく似ています
そうした進化した存在の
開かれた意識から来る導きの中には
大いなる叡知が含まれていますが
ときには誤りもあります

神の法則は神の法則です
だれでもつまずくものです
地上の意識を超えて
はるかに進んでいるものでさえも。
自分自身にも他人にも
完璧を期待しないでください

――遠くから見たとき
地球はどんな星に見えるのか
教えてください

光が見えます
意識が見えます
祈りと供給の波
苦痛と喜びの波が重なりあって
地球から発せられています
地球からのがれたいという
意識の望みがたえず流れ出ています
また地球に向かうたえまない
癒しの流れもあります
光の波の中に
たえまないコミュニケーションが感じられます

――別れの言葉

あなたがたは光です
あなたがたのいるところは
つねに照らされています

あなたがたは決して闇の中にいることはありません
ただ闇に近づくだけです
決して死の中にいることはありません
ただ死に近づくだけです
なぜなら死の中に入ってみれば
そこには生があるからです
なぜなら、あなたがたは生きているのですから

ですからいったん自分自身を発見すれば
あなたはなにものにも侵されません
なぜならあなたがたは
あなたがた以外のものではありえないからです
いちばん最後にあなたが故郷に帰って
神に迎えられるときには
あなたは愛と理解をもって
自分自身を迎えるのです

用語解説

　あなたがたの住んでいる世界について、心ならずも深刻めいた言い方で解説しますが、これを読んでいただければ、不変の現実の中にしっかりとセメントで塗りこめられているように見えるものも、より広がった意識から見ると、実は楽しい幻想にすぎないことがわかるでしょう。

　ある概念をともかくも限定するということは、それをはっきりさせ、よくわかるようにすることです。この用語解説の目的は、言葉にはっきりした定義を与えるというより、こちこちになった言葉の意味を、少しゆるめようというものです。言葉に対してある意味を形成することのできるすべての人間、すべての意識体は、その定義のどこが固くて限定的なのかに気づいているべきです。内なる用語について調べてみることは、それぞれの魂のなすべき仕事です。

　この用語集で遊んでください。頭の中の個人的な用語を、少しゆさぶってひっくり返しましょう。そうすれば、行こうとしているところに、すでにもうたどりついていることがわかります。それは、定義の問題なのです……あなたの。

愛 Love　愛に定義がついた瞬間、その力は失われる。もし愛を、その行為によって定義するなら、愛を追い払うことになる。愛なしで生きることによって、愛を知ることができる。愛を失ったと感じることで、愛を見出すことができる。〝自己〟を見失うことで、愛を見失う。〝自己〟を見出すことによって、いや〝自己〟を求めることによって、愛を見出すことができる。

一なるもの、一体感 Oneness　ワンネス。それは広がりであり、その広がりの中では、わたしはあなた、あなたはわたし、そしてどちらも愛である。

美しい Beautiful　この言葉の意味は、思いもかけないものへと転用されることが許されるべきである。

永遠 Eternity　永遠という言葉は、もう少し拡大されうる。

教える Teaching　教訓を垂れる行為ではなく、在るということである。この存在のありかたは、みずから広がることを必要とする。

恩寵 Grace　恩寵は、神の意識の織物である。永遠の愛である。すべてが恩寵である。

カルマ Karma　この生を通りぬけていくうえでの、旅のテキスト。

関係 Relationship　故郷を求めている心。いるべき場所を求める憧れ。

共同体 Community　この概念は、壁や通りや、家々の境や、そして国境をさえ越えるべきものである。

空間 Space　空間と時間は、意識がみずからを放棄する準備ができたとき、ひとつになる。

幻想 Illusion　純粋な光と意識でないようなリアリティが、幻想である。

謙遜 Humility　人間らしくあること。そして人間である状態に意識的に、堂々と、みずから望んでとどまっていること。

時間 Time　いれもの。形。時間とは休息の場所である。意識が無限のリアリティにとどまっていられないとき、意識は時間にしがみつく。ゆえに時間の本質とは意識である。時間とは存在である。それはごく微小なリアリティであるとともに、もっとも拡大されたリアリティであり、その瞬間は永遠である。

思考 Thought　人間の肉体の中にいるあいだに、あなたが経験する人間としてのきわめて重大な機能。思考の限定的な使用法から解き放たれたとき、思考はあなたの全存在のパターンの、内なる表現となる。

象徴 Symbols　人間の存在におけるすべてのもの。あなたがこれはこれこれの意味であると決めつけた瞬間に、象徴は、その反対のものに変化する。

象徴学（記号論） Symbology　何かをとりあげて、圧縮・要約すること。言語は象徴学（記号論）のもっとも明確な例である。会話において、言葉は的を得るよりも、失敗をおかすほうがずっと多い。

真実 Truth　真実は在る。だれも真実を作り出すのではない。だれでもそれを自分なりに表現している。

成長 Growth　変化しようとする意志、学ぼうという意志、経験しようとする意志、自分を広げようという意志、祝い、喜び、崇拝し、最後にはすべてをゆだねようとする意志である。成長とは肉体の成長あるいは感情的な学び以上のもの。それは内なるリアリティ、それも特に暗い部分を探求しようという心の準備の整った状態である。自分がどんなものになりたいかを尋ねてみること。それが成長である。

生命 Life　生命は成長のためにある。それ以外の目的はない。

世界 The World　学ぶための状況。しばしば争闘の反映。

魂、霊、意識 Soul, Spirit, Consciousness　これらの言葉は、同義語とみなされるべきである。わたしの言い方では、ある存在は永遠の意識体であり、意識は人間が魂とみなしているものの中に住まっており、意識は魂とは無論のこと、霊の領域のことである。それらの完全な区別は不可能である。

肉体 Body　肉体とは、この生での仕事を完遂する目的のために、あなたがみずから意識によって作り出した、魂をおさめる殻である。

人間性 Humanness　人間性とは固定された硬い鎧《よろい》ではなく、ひじょうに通気性のある柔軟なリアリティである。

反物質 Antimatter　鏡の向こうへ通りぬけること。ここにあるものを完全に否定しつくし、もっとも遠い反対側の地点へおもむくこと。それでもそのものは、やはりそこにある。

物質 Matter　物質は意識である。

エマヌエルのエクササイズ

完全な自由と平和を味わう

1　自分自身および他人を愛する
2　内なる声に波長をあわせる
3　恐怖をあつかう
4　リフレッシュする
5　自分と知り合う
6　自己をもう一度感じなおす
7　人生での仕事を発見する
8　過去世の記憶をよびさます
9　自己を拡大する
10　肉体的境界線を消す
11　「今」にとどまる
12　スポット・チェック

自分を広げるための方法と手段

ここに記すエクササイズは、そのときどきのあなたの能力に応じて行なってください。まず、第一の難関は、ただじっと座ること、静寂の時間をもつことが役に立つと悟ることです。それができてから瞑想を深めたり、さまざまの方角へ向かったりすることができるようになります。たとえば自己を愛するとか、自己の永遠性を見出すための特定の瞑想など。

自分に対する判断を捨て、恐怖の下にあるものを見つめ、〝一なるもの〟のありかを自分の中に見出すために座ってみようと決めたなら、次の段階にうつります。いついかなるときでも、そのとき心に浮かんできた練習をやってみてください。どのような形式でもあなたのニーズに合うものなら、それを受け入れてください。ニーズの変化に応じて、練習はどしどし変えていってください。固定化や、特定の形式への固執ほど瞑想の目的にとって障害になるものはありません。次に紹介するエクササイズは、あなたの精神が喜ぶものを自由に選んでください。

こうしたエクササイズの目的は、個別的で独自のものです。究極の目的はもちろん自由になること、人間の経験の限界を越えて上昇すること、完全な自由と平和の薫りを一瞬にせよ味わうことです。

では始めましょう。これらの練習を考え出したのはわたしではありません。これらのエクササイズは何世紀にもわたって、多くの霊《スピリット》たち、肉体の有無にかかわらず多くの光の存在によって、考案され、まとめられてきたものです。そのようなものとして、お勧めします。

これらを行なえば、自己洞察、自己発見に導かれる喜びももちろん得られますが、自分自身のもつ自己啓発の力に、あなたは感嘆することでしょう。

1　自分自身および他人を愛する

愛することの練習には、まず自分自身を愛することから始めます。それがなされたあとでは、他人との分かちあいも、春もっともかぐわしいキッスのように優しいものになります。ですから、まず宿題として次のことをやってみてください。

ひとりで、紙と鉛筆をもって鏡の前に立ちます。紙のまんなかに線をひきます。線の左側には「自分自身について受け入れていること」と書きます。愛していること、と言わなかったことに注意してください。反対側には「自分自身のことで、受け入れられないこと」と書きます。それから鏡の中の自分と、かくしだてなく正直に話し合ってください。

リアリティのさまざまなレベルにおける自分を見ます。高いものから低いものまで、成熟した部分から未熟な部分まで、寛大なところからきびしいところまで、あなたがひとをひじょうに愛した部分から、ひじょうに怒った部分まで。

自分自身が愛、同情、憎悪、怒り、嫉妬、犠牲を経験することを許してあげてください。自分が自分の判断をどう判断しているか、自分の愛すべき点をどれほど信じていないか、自己中心的であることにどれほど自尊心をもっているかを、よく観察してください。

こうしたことは厳格に行なうことではありません。ちがいます。自分にきびしくあたるのはもう充分です。ただ真実を見極めてください。ほんとうに自分を愛したとき、いままでの自分を恥ずかしいと感じる気持ちは強烈なものですから。あなたは愛を学ぶようになりました。自分を愛する以上に他人を愛することはできません。他人を愛する以上に神を愛することはできません。

鏡の中のあなたと少なくとも十分間は対話してください——お望みならもっと（何時間でもかまいません）してもよいのですが、最低十分は必要です。それから目を閉じて、自分が愛のまばゆい光につつまれているのを見ます。それを受け入れてください。毛穴から愛がしみこんできます。あなたは毎日毎分、愛に浸されています。なぜなら、あなたは愛だからです。

2　内なる声に波長をあわせる

日中一時間に一度、自分にたずねます。「わたしはいま何をしたいか」「わたしはいまどんな決定をしようとしているのか」「わたしはいま何ものか」「いま何をしているのか」と。

この練習は内部の意識に焦点をあわせます。三百六十度の方角にわたって、自由な選択の余地を与えてくれるあなたのエッセンスそのものに、波長をあわせるのです。

3　恐怖をあつかう

恐怖が大きな顔をしだすのは、あなたが困難な部分に焦点をあわせるからです。恐怖を抜けるための安定を得るには、容易な部分を体験すべきです。

ですから、まず恐怖がなくなったら、どんな感じだろうかとイメージしてください。最初に、まっすぐな通りを歩いている自分を視覚化します。ひとつの区画から次の区画へうつりながら、何度恐怖が訪れるかをみます。恐怖は戦慄としてあらわれるだけではなく、抵抗や、限界、ためらい、疲労感、不信感としてもあらわれます。

次にまったく怖れなく、なにか単純な動作をしているところを視覚化します（複雑な行為については、あとでとりくみます）。これを一日に五分、行ないます。

4　リフレッシュする

内なる自己「わたしそのもの」に入っていきます。その自己を見つけて、その中に一瞬、息をふきこみます。

いまいったいなぜ自分が疲れているのか、その自己にたずねます。

「いま、ほんとうは何をしていたいのか。何を悩んでいるのか、何を否定しているのか」（人間の肉体は、あなたが思うほどには休息を必要としていないものです。必要なのは解放なのです。必要なのは、おもてに表すのを許してやることです。必要なのは、感情が自発的に流れ出ることなのです）

あなたが疲れている場合の九十九パーセントは、これこれをしたから疲れたというのではなく、別のあることをしたかったのに、しなかったということで疲れているのです。ですから、自分に前のような質問をしてください。

それをしたからといって、決定的な破滅にならないのでしたら、次回はしたいことを自分にさせてください。あなたがたはそれを、自分を甘やかすことだと習ってきたでしょうが、そうではないのです。

5　自分と知り合う

自分の沈黙の中へ入っていきます。自分自身が部屋に入ってくるところを視覚化します。そこにいるのはあなただけです。突然、部屋の向こうはしに、真のあなた、内なる美しさに輝いているあなたの姿が見えます。そのあなたと知り合いになってくださ い。愛想よく、おだやかに。

さて、そのあなた自身の手をとります。いっしょに連れてかえります。これから一生、そのあなたをそばにおいてください。いま会ったあなた自身は、いままでずっとあなたが気づいてくれるのを待ちつづけていました。いったん気づいたら、いったん自分がどのようなものかわかったら（そのためにはこうしたエクササイズがたくさん必要でしょう。少なくとも一日にひとつはやってみてください）、ほかのひとの思惑など気にする必要がないことがわかってきます。そうすれば、自由になれるではありませんか。

6　自己をもう一度感じなおす

一日に十分間、自分がどこにいてもあたりに光をひろげるというすばらしい仕事をしている、神のような存在だと見てください。

ほほえみながら、また平和と喜びを信じ、苦しみなど存在しないことを信じて、愛と喜びをためらいなく分かちあたえている自分を見てください。

やってください。そうすればこれがもっとも癖になりやすいものだとわかるでしょう。

7　人生での仕事を発見する

あなたは何が一番うまくできますか。何があなたに、もっとも大きな達成感を与えますか。それこそがあなたの仕事です。

心は祈りや瞑想を通してのみならず、願望――純粋で単純な人間の願いを通しても語るのです。

8　過去世の記憶をよびさます

親しいひとと、互いにつごうのよい時間に、向かい合って楽に座ります。両手をふれあい、目を閉じて、ひとことも言わずに、ヴィジョンが来るにまかせます。

無理に何かをしようとしてはなりません。より大いなるリアリティを信頼してください。それはあなたの意識的な心よりはるかに賢く創造的です。しばらくしてから、見たイメージを互いに話し合ってください。わたしには確信があるのですが、ふたりが過去に共通の体験をしているということが、驚くべき頻度で確かめられます。

9　自己を拡大する

目を閉じてください。右手の人差指に集中します。その立体感を感じてください。あなたはその指をよく知っています。大きさ、形、感触を知っています。

次にその指のもっている感受性を、どこまでも遠くへ、あなたが快く感じられるかぎり、「そう、これがわたしの指だ」と感じられるかぎり遠くへ広げていってください。

では次に、指を、そのなじんだ感覚の外へ広げます。自己が、その指のある場所をも満たしていて、なじんだ境界線から外へ、自己を少しも失うことなしに、出てゆけることを感じてください。

これこそ、あなたがいつもやっていることです。

自己を失うことなしに境界線の外へ出てゆき、そうすることで、〝より大いなる自己〟の中に広がってゆきます。既知のものを越えて未知のものへ出ていって、そこに入るやいなや、そのものは既知のものになります。

10 肉体的境界線を消す

目を閉じて、肉体の輪郭を、非常に濃い色の鉛筆で描いてあるかのように視覚化してください。自分の体の線に忠実に思い描いてください。

輪郭が描けたら、個性＝自我をはっきり限定できたことになります。

さてこんどは、大きな消しゴムを思いうかべ、それが肉体の線を消しはじめると想像してください（ある部分がほかの部分より消えにくいかもしれませんが、その情報は、あとで自分に問いかけるときに役立つでしょう）。

頭のてっぺんまできたら、その部分を消す作業は特に念入りに行なってください。何か起きても、起きるにまかせてください。時間を与えて。

〝自己〟という意識が広がっていくのをゆるしてください。

いまあなたは、人間の肉体的経験という幻想に挑戦しました。消すという作業にどれだけ勇敢にとりくめたかで、自分自身を肉体的アイデンティティの輪郭のずっと外側にまで拡大することができました。

11 「今」にとどまる

「永遠なる今」だけが存在します。それに達する楽なやりかたは、次のようにします（楽というのは、ひとはどのみち呼吸しなければならないからです）。

目を閉じて、意識を、いまこの瞬間に集中します。呼吸に集中してください。流れこみ、流れ出すのを感じてください。呼吸しながら、あなたの次の瞬間へと息を吸い込みます。吐き出すときは、いままでのものを全部吐き出します。未来へと吸い込み、過去をすべて吐き出します。

呼吸を意識的に追ってください。吐く息は自由に出ていかせます。吸う息で、現在の瞬間に集中します。存在するのはそれだけです。しばらく練習してみてください。

さて、吸いこみおわった瞬間に、ちょっと息をとめます。無理にならない程度に自然にとめてから、吐き出します。吸う息と吐く息のあいだにいるとき、そこでちょっと休む気持ちになってください（くれぐれも無理は禁物です）。あなたはいま「永遠の今」にいるのです。

練習していると、吸う息と吐く息のあいだが広がり、そこにとどまることができるようになってきます。未来はありません。過去もありません。今だけです。

12　スポット・チェック

一日の活動をしているとき、次のような瞬間がないかどうか気をつけてください。

- 自分が何かを愛するのをやめているとき
- 自分が愛に値しないと感じているとき

エピローグ

ジュディス・スタントン

エマヌエルとともに仕事をし、彼の考えを吸収し、彼の視点に同化し、本書をまとめるには五年かかりましたが、それは瞑想の中で、エマヌエルがパット、ローランド、ラム・ダス、そしてわたし自身と話し合いを続けてきた長いみちのりでした。

彼は言いました。

「この本を出版するためだけでなく、あなたがたおのおのの目的にかなうように（あなたがたの貢献にふさわしい見返りがあるように、全体の真実のために）計画し、それを磨きあげ、何度も手なおしをすること、いじったり、押したり、探ったりしてみることが必要でした。この仕事によって、あなたがた、忘れられていた光のすばらしい愛すべき存在たちよ、あなたがたはフレーズの中に、そしてコンセプトそのものの中に、忘れていたつもりの多くのことを信じる勇気を見出しました。これらのことをきいた当初は、あなたがたはとても信じられないと考えていましたね。

めざそうとしている高みに、あなたがたは全員のぼったことがあり、何度もそこへもどってきました。究極の山頂をきわめようとする固い決意をもって。けれどもそのつど、回り道があり、休止があり、つまりてっとり早くいえば怖れ（自分が何をするためにきた、だれなのかということを忘れてしまうことから来る怖れ）があったのです。

自分がだれかということさえはっきりすれば、何をすべきかはまったく重要なことではありません。あなたがたは、だれでもそのことを知っていますが、たいていの物事がそうであるように、この悟りもくりかえすことが必要です。人間の記憶というものは、短いあいだしか続かないものですから。人間の記憶は、これこそ真実だと悟ったものを保っていようとしても、膜がかかってしまいますが、それは人間が物事を体験するやりかたとしては、自然なものです。この仕事を通じて、あなたがたには忘れていたことを思い出す扉を開いてみる機会が幾度も与えられました。

ですから、記憶することはあきらめて、体験が自由に流れるにまかせましょう。何にもしがみつく必要はありません。何かを記憶している必要はありません。ただ〝在る〟ように。それには完全な信頼が必要です。〝在る〟ということの中には、まったくなんのコントロールもありません。それは単に〝存在〟であり、それこそ神のもたらす完全無欠の安全なのです」


「何をすべきか」についてですが、われわれはこの本の中で、いっさいのことの真実の意味を、たえず思い出させられました。忘れてしまっていた多くのことを、もう一度信じてみようという勇気に、幾度も火がつけられました。わたしの場合、体験の流れをさまたげていた多くの怖れが、そのくりかえしによって溶けていきました。

ですからあなたがたもこの本をくりかえし用いて、考え、扉を何度もあけ、エマヌエルの導きによって、自分が永遠に安全なのだという悟りに、さらに近づいてください。

エマヌエルに深く感謝しています。心の奥底から
彼にありがとうと言いたい気持ちです。

訳者あとがき

井辻朱美

エマヌエルって、どんなかっこうをしているんだろう。ずっとそれが気になっていた。パット・ロドガストは、瞑想の中で自分の右側に出てきた黄金色の存在としか書いていない。

右側というのは、私にとってよくわからない場所だ。たいてい、私にとって明るいもの、よくわかるものは左側にあって、これを書いているのだって、いつのまにか顎が左に倒れて、左に目をやりながら書いている。NLPでは、既知のもの過去のものが左側にあると言い、右側はまったく新たに想像したものと言うが、右側は、私にとって無意識の暗い側というか、たいていどこかぐあいが悪くなるときも右側だし、右側にイメージを見ることはあまりない。

だから、きっと右側に出てくるものは、深い意識の中から、あるいは超越した部分から、やってくるのだろうと思う。エマヌエルの言葉の波動を感じながら、右側を考えてみる。バシャールの明快性とちがって、エマヌエルには見神者の高揚と白熱があり、言葉はいくらかメタフィジカルで詩に満ちている。きっとエマヌエルは、伝統的な天使の姿をしているのだろうと私は思う。

この本でエマヌエルが語っていることは、本人も編者も言うとおり、とっぴょうしもないことではない。どこかできいたことがある、大昔の角笛のかすかなこだまのような、なつかしさがある。

翻訳作業というのは、一種チャネリングめいたところがあって、相性のよい本だと、英語を読みながら音声多重放送で、日本語がきこえてくる。それもはっきりと個性的な声で、トーンも語調も具体的で、たちまちそこにはひとりの人格が現出する。エマヌエルが、天使じゃないかと思った理由もそのへんにあり、それは、なんというのだろう、カウンターテナーのように振動数の高いなめらかな声だった。

そして、この語調は、声の高さは違うけれど、どこかできいたことがある、と思った。考えてみて、やがて浮かんできたのは、C・S・ルイスの七部作『ナルニア国ものがたり』（岩波少年文庫）の最終巻『さいごの戦い』のディゴリー卿の声だった。この福音書的な壮大なファンタジーの最後で、創造者のライオン、アスランの作りだした中世ふうのナルニアの国は滅び、ひとびとは門を通ってアスランの国へと導かれる。子供たち、騎士たち、ものいうけものたちは、ナルニアの滅亡を悲しんでいるが、そのうちにあたりを見まわして、ふしぎなことに気づく。ワシが舞い降りてきて、見慣れた山脈や入江の名をあげ、ここは以前よりもはるかに広く、はるかに美しいナルニアだと告げるのだ。

すると学者ディゴリー卿がこう言う。

「アスランが、あんたに、ナルニアにもどることはないといわれたのは、あんたがたみんなが考えているナルニアのことを指していわれたのだよ。けれども、そのナルニアとは、まことのナルニアではない。そこには、始めがあり、また終わりがあった。そこは、まことのナルニアの、ただ影の国、まぼろしの国、ひきうつしの国だったのだ。まことのナルニアは、つねにここであり、つねにこのまま変わることはないだろう。さながら、わたしたちの世界、イギリスやあらゆる国々のある世界もまた、アスランの国まことの世界の夢かまぼろしの国、影かうつしの国であるようなものだ……いうまでもなく、ここはちがうところだ。ほんものが水の鏡とちがい、目をさましている時が、夢みている時とちがうように、ちがうのだよ」（瀬田貞二訳）

実を言えば、『ナルニア国ものがたり』の中で、私が最初に読んだのはこの巻だった。高校二年の誕生日に友人がくれたもので、このラストを読んだとき、それまでニューエイジやニューソート系の本を読んでいなかったわけではないけれど、とてつもない慰藉と喜びに襲われた。おおげさに聞えるかもしれないが、ほんとうに救われたと思った。

ルイスは熱心なキリスト者で、アスランにキリストが投影されているのはあきらかだが、そうしたドグマを越えて、彼の思想は秘教学の伝統上にあり、無意識の夢想の秩序にのっとっている。彼が『さいごの戦い』で示したヴィジョンは以来ずっと、わたしの世界観の根底にあり続けている。

このディゴリー卿の解釈や、「とうとうもどってきた！　ここここそ、わたしのまことのふるさとだ。あのナルニアをわたしたちが愛していたわけは、時々ちょっぴりここに似ているところがあったからだ」という一角獣のせつない叫びや、最後にあらわれるアスランが「学校は終わった。休みがはじまったのだ」と告げる比喩などすべてが、ふしぎに、このエマヌエルの言葉の中に見いだされる。だから、もし興味のあるひとは、『ナルニア国ものがたり』をお読みいただいて、浄福のひびきあいを感じてほしいと思う。

というのは、私の事情だけれども、本書『エマヌエルの書』は、まことに聖なる書であるように思われる。エマヌエルは自分の得た喜びを歌っているけれども、決してお説教はしない。キリストについての質問にも答えれば、クリシュナについても述べる。

結婚制度を擁護さえしない。「あなたの体ほど写真うつりがよいわけではないが、わたしにも体はあるのです」とユーモアたっぷりの発言をしている。

後半の質疑応答にも注目してほしいし、最後のエクササイズや用語集もまさしく美しい。「宇宙ぜんたいが美しい考えです」というエマヌエルの言葉は、毎日たずさえていって、おりにふれて思い出す価値がある。

実は本書には続きがある。Ⅱ巻『エマヌエル 愛の本』（ナチュラルスピリット刊）は、質疑応答部分がずっと多くなっていて、彼の鋭い、そして美しい洞察がここかしこにきらめいている。

臨場感あふれるワン・セッションの記録も価値があるけれども、本書のように五年をかけて、チャネラーと編者がまとめあげた本は、推敲に推敲をかさねた、再読に耐える堅牢さをもっており、啓示の書として、座右においていただけたらと思う。

本書の統一や言葉遣いについて、細かなアドヴァイスをいただいた編集の秋田幸子氏に、心から感謝をささげたい。最後にエマヌエルから未訳のメッセージをひとつ。

あなたがたの幻想の世界は
どこかへ向かうとき、地図を描くことを好みます
でも何かがあなたを呼ぶとき
それについていってください。恐れずに。
まことに、あなたがいまいる道こそ
あなたの道です
けれど、しょせんすべてはまぼろしです
より大いなる真実においては
あなたがたはいかなる道にもいないのです
なぜなら、あなたがたは
〝故郷〟を離れたことはないのですから

本書は、一九九三年に株式会社ヴォイスより刊行された『エマヌエルの書』の復刊（一部改訂版）です。

編 著

パット・ロドガスト Pat Rodegast

1926年、米国コネチカット州スタンフォード生まれ。1969年以降30年以上にわたり、「エマヌエル」と名乗る霊的存在のチャネルとして活動。1984年、ラジオ出演を通じてラム・ダスに見出される。愛と真実にあふれた優しく力強いメッセージは瞬く間にひろまり、セッションや講演、ワークショップ等を通じて多くの人々に自己変容を促す。友人ジュディス・スタントンとの共著で本書を含む3冊の "Emmanuel's Book" を上梓、10か国語以上に翻訳された。2012年4月4日、不帰の人となる。

ジュディス・スタントン Judith Stanton

米国ノースカロライナ州の農園で育ち、9歳の頃から馬を乗りこなす。大学教授として文章学と女性学を教え、その後、ライター、編集者などを幅広く経験。パット・ロドガストとともに "Emmanuel's Book" シリーズの編纂にたずさわる。自身の小説に "A Stallion to Die"、"Wild Indigo" など。

訳 者

井辻朱美（いつじあけみ）

歌人、ファンタジー小説家、翻訳家。東京大学理学部生物学科卒、同大学院人文系研究科比較文学比較文化専攻修了。現在、白百合女子大学人間総合学部児童文化学科教授。10代の頃からトールキンを原書で愛読。英米ファンタジーの翻訳や評論で活躍すると同時に、壮大な時空間を自在に往来する独特の短歌を詠む。著書に、長編小説『遙かよりくる飛行船』(理論社)、歌集『コリオリの風』(河出書房新社)、評論『ファンタジーの魔法空間』(岩波書店)、エッセイ『とっても奇蹟な日常』(ヴォイス) など多数。訳書は、『エルリック・サーガ』シリーズ (ハヤカワ文庫)、『歌う石』(講談社)、『図説トールキンの指輪物語世界』(原書房)、『無条件の愛』(ナチュラルスピリット) ほか、きわめて多数にのぼる。

エマヌエルの書

この宇宙をやすらかに生きるために

●

2019年7月7日　初版発行

編著／パット・ロドガスト
ジュディス・スタントン
訳者／井辻朱美

装幀／松岡史恵
本文DTP／山中 央

発行者／今井博揮

発行所／株式会社ナチュラルスピリット

〒101-0051 東京都千代田区神田神保町3-2　高橋ビル2階
TEL 03-6450-5938　FAX 03-6450-5978
E-mail　info@naturalspirit.co.jp
ホームページ　http://www.naturalspirit.co.jp/

印刷所／モリモト印刷株式会社

ISBN978-4-86451-307-4　C0011
落丁・乱丁の場合はお取り替えいたします。
定価はカバーに表示してあります。